尤里卡文库

In Praise of Idleness

Bertrand Russell

赞美闲散

[英] 伯特兰·罗素 著

仝欣 译

C'S 湖南文艺出版社
HUNAN LITERATURE AND ART PUBLISHING HOUSE

目录

工　作

赞美闲散

> 拼命工作是奴隶的道德，现代社会不需要奴隶制。

　　同我这代大多数人一样，我也是听着"撒旦差闲汉，欲把坏事干"这样的谚语长大的。作为品行端正的好孩子，我对这类教诲深信不疑，并以此约束自我，努力工作至今。不过，虽然这种道德标准一直左右着我的**行动**，我的**观点**却已发生了翻天覆地的变化。在我看来，当今世界，人们已经工作得过于辛苦，劳动即美德的信念已经对社会造成了巨大危害。现代工业化国家需要弘扬与此前截然不同的新理念。大家都听说过那不勒斯旅行者的故事：旅行者看到十二个乞丐躺在地上晒太阳（故事发生在墨索里尼时代前），说会赏给最懒的那个一里拉。十一个乞丐都跳起来说该给自己，于是旅行者将钱给了第十二个乞丐。显然，旅行者做出了正确的选择。不过，对于享受不到地中海阳光的国家来说，想要真正做到闲散可谓难上加难，需要大规模的公共宣传加以引导。我希望，基督教青年会的领袖们读过下面的文字，能够发起一场运动，鼓励优秀的年轻人学会闲散，如此我便也没有白活于世。

在为慵懒辩护前，我必须先驳斥一个令人难以苟同的观点。一个衣食无忧的人，如果仍想从事某项日常工作，比如教书或打字，人们就会说，他这是在抢别人的面包，是不义之举。如果这一说法成立，我们每个人岂不都该游手好闲，这样大家就都能有面包吃了。持这一观点的人忘了，赚钱通常意味着花钱，花钱就是在为他人提供就业机会。只要此人将收入花掉，他就是在给别人送面包，且数量同他赚钱时从别人嘴里抢到的面包持平。如此看来，攒钱不花的人才是真正的不义。如果像传说中的法国农民那样，把积蓄都藏在袜子里，那肯定无法促进任何就业。不过，如果他将钱拿去投资，事情便又复杂起来，需要具体情况具体分析。

最常见的一种投资就是借钱给政府。然而，多数文明政府的公共开支，大部分都用来支付过去的战争和筹备未来的战争。考虑到这一事实，将钱借给政府的人，同莎士比亚戏剧中买凶杀人的恶人并无二致。这种节俭的习惯带来的最终结果，是帮借钱的政府扩充了军备。显然，他还不如花掉，哪怕是花在喝酒赌博上，也比借给政府强。

这时，又有人说，将积蓄投资于工业企业就不一样了。一旦投资的企业成功，生产出有用的东西，这种投资便无可厚非。可惜，以现在的形势，没人敢否认，绝大多数企业都终将走向破产。这意味着，大量劳动力资源，原本可用来生产供人享用的东西，结果却被用来制造机器，机器被生产出来后，又变成毫无用处的闲置品。可见，将积蓄投资于必将破产的企业，简直是害人害己。如果他把钱花在，比如开派对招待朋友上，那不仅他的朋友（我们希望）会收获快乐，那些从他身上赚到钱的人，卖肉的、烤面包的、卖私酒的，也都会收获快乐。可如果他将钱投在（打个比方）修建电车轨道上，但当地居民却压根儿不想要有轨电车，大量劳动力就被浪费在了不会为任何人带来快乐的地方。尽管如此，对于那些因投资失败而穷困潦倒的人，大家还是会将其视为时运不济的受害者；但那些怡然自得地挥金如土、乐善好施的人，却只会被鄙视为不务正业的傻瓜。

以上这些只是铺垫。我要郑重声明的是，将工作视为美德的信念，已经对现代社会造成了不可忽视的破坏。想要走上繁荣幸福之路，必须有计划地缩减工作。

首先，什么是工作？工作有两种：要么是改变地面或其附近两个物体间的相对位置，要么就是吩咐别人去做。第一种工作辛苦且报酬微薄；第二种工作舒适且报酬丰厚。第二种工作的范围可以无限扩展：既包括发号施令的人，也包括为发出何种号令出谋划策的人。通常，两个有组织的团体会同时提出对立的意见，这就是所谓的政治。这类工作需要的不是有关建议本身的渊博知识，而是如何通过演讲和文字去说服别人，即营销的艺术。

在欧洲还存在第三类人（但美国没有），他们比从事以上两种工作的人更受尊敬。这类人凭借土地所有权收取租金，这样其他人才拥有生存和工作的资格。这些土地所有者无所事事，似乎应该赢得赞美。不幸的是，他们的游手好闲建立在他人的辛劳之上。事实上，站在历史的角度看，正是他们好吃懒做的欲望，促成了人类辛勤工作的信念。他们最不希望看到的情景，就是别人都以他们为榜样。

从文明之初到工业革命前，一个人的辛劳所得，通常只够勉强维持自己和家人的生活所需，即便妻子同他一样卖力工作，即便孩子稍大一点也会加入劳动。基本所需之外的少量盈余没有给到生产者，而是被武士和神职人员霸占了。遇上饥荒，明明没有任何盈余，武士和神职人员却依旧像平日一样索取，以致无数劳动者贫困交加而死。这一制度在俄国一直延续到 1917 年[1]，许多东方国家至今仍在沿用。英国虽然已经爆发了工业革命，但拿破仑战争时期这种制度依旧盛行，直到一百年前新的工厂主阶级掌权才画上句号。在美国，这种制度在独立战争后便结束了，但南方除外，在那里，这种制度一直持续到南北战争。一个如此旷日持久又刚刚终结的制度，自然会对人的思想观念产生巨大影响，那些理所当然想要工作的愿望，大都源于这一制度，但工业社会前的制度已经不适合现代社会了。现代科技使一定限度内的闲暇成为可能。它不再只属于少数特权阶级，而是一种可以在整个社会进行平均分配的权利。拼命工作是奴隶的道德，现代社会不需要奴隶制。

很明显，在发展水平落后的社会，农民如果有选择权，便不可能将微薄的物质盈余拱手交给武士和神职人员，而只会减少生产或消耗更多。起初，他们只是单纯地被强迫劳动并上交盈余，但渐渐地，有人发现，可以诱导他们中的多数人接受一种道德观，这种观念会让他们认为拼命劳

---

1 1917 年，俄国十月革命终结了军官和神职人员的特权。——若无特殊说明，本书脚注均为译者注

动是一种义务，即便生产所得的一部分是为了让其他人闲着。这种方式可以减少此前劳动中的强迫成分，管理成本也会随之降低。时至今日，如果有人提出国王的收入不应高于普通劳动者，相信百分之九十的英国工薪阶层依旧会感到难以置信。从历史的角度看，"义务"这一概念向来都是权力阶层诱导他人为主人而非自己谋利的手段。当然，对此权力阶层自己也不愿意承认，他们更愿意相信，他们的利益同人类的整体利益一致。在某些情况下，这种说法确有其合理性，比如，雅典奴隶主利用一部分闲暇时光，为人类文明做出了不可磨灭的贡献，这在绝对公正的经济体制下是不可能实现的。闲暇是文明的必要条件。在过去，只有通过多数人的辛劳，少数人才能获得闲暇，但多数人的辛劳之所以有价值，并不是因为劳动是好事，而是因为闲暇是好事。随着现代科技的发展，在不损害文明进程的前提下，公正地分配闲暇已成为可能。

在现代科技的帮助下，满足所有人基本生活需要的劳动量，是可能得到大规模缩减的，大战就是很好的证明。当时，军队里的男人、参与军需生产的民众，还有从事间谍活动、战争宣传以及在战争相关政府部门工作的男男女女，都是从原本的生产岗位抽调来的。尽管如此，协约国非熟练劳动力的整体物质生活水平却高于战前和战后。不过，这一事实的重要性被当时的财政状况掩盖了：借贷令民众误以为他们正在用未来养活现在，但这显然是不可能的，画饼并不能充饥。大战充分证明了，通过对生产进行科学管理，现代社会只需一小部分劳动力，便可以令全体民众过上相对舒适的生活。如果大战结束时，那些原本为抽调民众参战或从事军需生产而创建的科学管理方法能够延续下去，并由此将工作时间缩短至四小时，一切都会好起来。但事实是，旧制度卷土重来，受雇的劳动者要被迫工作更长时间，而其他人则沦为忍饥挨饿的失业者。为什么会这样？因为工作是一种义务，一个人能拿多少工资，依据的不是他生产出来的东西，而是其表现出来的勤劳美德。

这便是奴隶制国家倡导的道德，可当今世界的外部环境已经同奴隶制时期截然不同，难怪这种道德会引发灾难性的后果。我们来举个例子。假设一定数量的人在某个特定时期从事别针生产。他们每天工作（比如）八小时，生产的别针刚好能满足社会需求。这时，有人发明了一项新技术，同样数量的人生产出的别针由此翻了一倍，但世界消耗不掉这么多别针：别针已经很便宜了，再降价也不可能卖出更多。在一个理性支配的世界，所有参与别针生产的人会将工作时间由此前的八小时缩短为四小时，这样一切便可以保持正常的运转。但在现实世界，人们却认为这是意志消沉的体现，于是继续推行八小时工作制，导致别针生产过量，一些雇主走向破产，一半参与别针生产的人迎来失业。从最终结果看，社会整体的空闲时间同四小时工作制一样，只不过现在一半人无事可做，另一半人劳动过量，不可避免的闲暇沦为普遍苦难，而非普遍幸福来源，还有什么比这更疯狂的吗？

穷人应当拥有闲暇的观点一直令富人感到不可思议。19世纪初期的英国，成年人每天工作十五小时是正常现象。儿童有时也要工作这么久，至少每天十二小时是常态。如果有爱管闲事的人提出，他们的工作时间太长，人们便会反驳说，工作使得成年人免于酗酒，儿童无暇捣乱。记得在我小时候，工人刚刚获得投票权后不久，法律赋予了他们一定的公共假期，上流社会对此极为不满。我记得当时一位老公爵夫人说："穷人要假期干什么？他们就该**工作**。"现在的人自然不会说得如此直白，但这种观念依旧存在，而且是造成众多经济乱象的原因。

现在，让我们抛开迷信，坦诚地讨论一下工作的道德。

人要生存，就必须消耗一定数量的人类劳动成果。或许我们可以假设，劳动总体来说不令人愉悦，那么，一个人的消耗超出产出便是不公正的。当然，他的贡献也可以是某种服务而非商品，比如他是医护人员，但无论如何人都要做出一定贡献，用以平衡自己的食宿消耗。从这个意义上来说，工作的确是每个人的义务，但义务也就仅限于这个程度了。

事实上，在现代社会，许多人甚至连这种最低程度的劳动都无须履行，比如继承大量财富或嫁入豪门的人，对此我不打算详谈。我不认为一些人能够游手好闲的事实，对社会的危害能同让劳动者不是过度工作就是忍饥挨饿相提并论。

假设社会采用某种适度、理性的管理模式，普通劳动者每天工作四小时，便可以生产足够多的社会所需，还不会造成其他人失业。这个观点令富人大为震惊，因为他们确信，穷人不知道如何打发这么多空闲时间。在美国，即便是富人也常要加班加点地工作，因此，听到有人主张赋予劳动者更多的闲暇，这些人自然会感到愤慨，除非是将闲暇当作对失业者的严厉惩罚。事实上，他们也看不惯自己的儿子闲着。不过，奇怪的是，他们虽然希望儿子拼命工作到没有时间去做文明人，却又一点都不介意妻女无所事事。在贵族社会，对悠闲自得近乎势利的羡慕，男女都会有，而在财阀政治的社会却只限女性，但这并不表明如今的现象更符合逻辑。

必须承认，合理利用闲暇是文明和教育的成果。一个终其一生都在劳碌的人，突然清闲下来会觉得无聊。可是，一个人如果没有充分的闲暇，便会同生活中许多最好的东西失之交臂。如今已经没有任何理由剥夺大多数人享受闲暇的权利，只有替别人受苦的愚蠢的禁欲主义在让人们坚持过度工作，虽然当初工作的需求早已不复存在。

在支配俄国统治的新信条中，虽然很多都与西方传统教义大相径庭，但一些观念还是坚固如初。统治阶级，特别是那些负责教育宣传的人，只要提到劳动的尊严，就和世上其他那些宣扬"诚实的穷人"的统治阶级如出一辙。勤劳、节制、为长远利益努力工作，甚至是服从权威，所有这些信条再次浮出水面。

俄国无产阶级的胜利与一些国家女权主义者的胜利有一些共通之处。长久以来，男人都承认女性圣洁的高贵，通过强调圣洁比权力更重要，来掩饰女性地位的低下。女权主义者最终认定，她们既要圣洁也要权力，因为她们中的领袖人物愿意相信男性对女性美德的吹捧，却不接受男人所说的政治权力无用论。在俄国，体力劳动者的经历也差不多。很长一段时间，富人和他们的奉承者都在大书特书"诚实劳动"的概念，赞美简单质朴的生活，宣扬穷人比富人更可能上天堂，试图让劳苦大众相信，改变物体在空间中的位置这类工作尤为高尚，就像男人试图让女人相信她们从性奴役中获得了某种特殊的高贵。在俄国，一切对体力劳动的赞美都备受重视，以至于体力劳动者比其他任何人都更受尊重。不过，从本质上说，呼吁恢复这一信条的目的和此前不同：它是为了让能超额完成生产任务的工人投身于某些特殊任务。劳动者被塑造成年轻人的理想，也是一切道德教育的根基。

从目前来看，这种做法可能确有可取之处。一个自然资源丰饶又不太可能依赖信贷的大国迫切需要发展，在这种情况下，努力工作必不可少，甚至可能会带来巨大回报。可是，如果社会发展到人们无须长久劳作便可以获得舒适的生活时，又会发生什么？

在西方，处理这个问题的方式多种多样。既然无意实现经济公正，大部分生产总量便落到了小部分人手中，他们中的多数人都无须从事任何劳动。由于生产过程没有任何国家统一调控，一大堆压根儿就不需要的东西被生产了出来。我们让相当大比例的劳动人口无所事事，因为我们可以强迫另一部分人超负荷工作。如果这些方法均效果不佳，我们就制造战争：像刚刚接触爆竹的孩子，我们安排一些人生产烈性炸药，再安排另一些人将其引爆。通过将所有这些手段相结合，我们终于维护住了普通民众唯有终日辛劳的观念，虽然这个过程异常艰辛。

在俄国，由于经济相对公正，生产集中管理，解决这个问题就需要另辟蹊径。合理的解决办法是，一旦能满足所有人的生活所需且让全民实现基本的舒适，就开始逐步缩减工作时间，并在各个阶段召集民众投票，让大众决定是要更多的休息还是更多的商品。不过，既然宣扬了辛勤工作是至高美德，政府便很难致力于打造一个让人们多休闲少工作的人间天堂。更有可能发生的是，他们会不断找到新方法，牺牲当下的闲暇以提升未来的生产。我最近读到，俄国工程师提出一个巧妙的方案，通过在喀拉海峡建造堤坝，提升白海与西伯利亚北方海岸的气温。这个计划的确令人敬佩，只不过，北冰洋的冰天雪地虽能彰显劳动的可贵，却将无产阶级的舒适生活推迟了整整一代人。这类事如果真的发生了，那只能意味着人们在为了辛劳而辛劳，而非通过辛劳这一手段，去实现不再需要辛劳的生活状态。

事实上，改变物体位置的工作虽然对生存来说必不可少，却绝不是人类生活的目的。如果真是那样，我们就应该认为筑路工的地位高于莎士比亚。在这个问题上，我们其实是被两个因素误导了：第一便是让穷人感到满足的必要性，这让几千年来富人一直在宣扬劳动的尊严，与此同时又小心翼翼地确保自己处在"不体面"的生活状态；第二便是机械装置带来的新乐趣，让我们不禁为能在地球上实现如此惊人巧妙的变革感到愉悦。不过，这两个动机对实际参与工作的劳动者来说并没有吸引力。如果你问他们，生活中最美好的是什么，他们不太可能回答："我热爱体力劳动，体力劳动让我觉得我是在完成人类最崇高的使命，我也乐于想象人类能为地球家园带来的巨大改变。没错，我的身体需要定期休息，我也会尽可能满足它的需求，但要说最开心的，那无疑还是清晨到来，再次回到繁重却令人无比满足的劳动中去。"我从未听过哪个劳动者说过这种话。在他们眼里，工作只是谋生的必要手段（这种观点合乎情理），他们享受的无论是何种乐趣，都只能在闲暇之际获得。

有人又要说了，少量闲暇固然令人愉快，但如果一天二十四小时只要工作四小时，人们肯定又不知道该如何打发时间了。如果说这种观点在现代社会竟会显得合情合理，只能说明我们在谴责人类文明。换作之前的任何历史时期，这种观点都不正确。以前人们都知道如何轻松自在地生活，可这种能力却在某种程度上被效率崇拜抑制了。现代人觉得做任何事都应当另有目的，却从未想过做这件事本身便是目的。比如，严肃认真的人一直在批评泡电影院的人，说看电影会诱导年轻人犯罪；可他们又认为从事电影相关的工作令人尊敬，因为那是工作，会带来金钱上的回报。只有能带来利润的活动才值得认可，这种观念无疑打乱了一切。卖肉的屠夫和提供面包的师傅都值得赞美，因为他们在赚钱，但享受他们提供的美食却是不务正业，除非吃东西是为了有力气干活儿。概括来说，人们认为赚钱是好事，花钱是坏事，这一观点可真是滑天下之大稽，因为它们明明只是构成交易的两个要素。这就如同在说，钥匙是好东西锁孔却是坏的一样。劳动产品的价值，只能依据它们被消耗后产生的价值来衡量。社会中的个人为利润工作，但其工作的社会目的却在于消耗他所生产的东西。在这个辛苦劳动只为赚钱的世界上，个人同生产的社会目的的分离，使人们无法清晰地思考。对生产考虑过多，却很少考虑消费，由此产生的一个结果便是，我们完全无视了享受和简单的幸福，也不以为消费者带来多少快乐来评定生产的价值。

建议将工作时间缩短为四小时，并不是说工作以外的时间都必须浪费在纯粹的无聊活动上。我只是想说，一个人每天工作四小时，便应该有权获得生活所需以及基本舒适的生活状态，其余时间可依照个人喜好随意支配。对任何社会制度来说，将教育向前推进都至关重要，而教育的一个重要目标，就是培养人们的品位，让他们能够更加明智地利用闲暇。我想说的主要还不是那些所谓的"高雅"爱好。除了偏远的农村，现在其他地方已经很难看到乡村舞蹈了，但当初创造这种舞蹈的冲动，却一定还保存在人类的天性之中。现在，都市人的乐趣越来越被动：去影院、看球赛、听广播等，因为能让他们发挥主动性的精力早已被工作消耗掉了。如果能再多一些闲暇，他们一定会再次主动创造消遣并乐在其中。

在过去，有闲阶级只占一小部分，绝大多数民众都属于劳动阶级。虽然没有任何社会公正可言，但有闲阶级享受了种种好处，因此必然会成为压迫者，缺乏同情心，并开始发明理论来为自己享受到的特权辩护。这些事实令有闲阶级的价值大打折扣，但尽管存在这般缺陷，他们却几乎贡献了人类的全部文明。他们培养艺术、发现科学、著书立说、创造哲学、完善社会关系，甚至连被压迫者的解放，往往也得益于这些贡献。离开有闲阶级，人类便无法走出野蛮。

可是，不承担任何义务的世袭有闲阶级却意味着巨大的资源浪费。这个阶级的人从未被教导过勤奋，作为整体来看智力水平也相当一般。这个阶级或许会贡献出一个达尔文，但与此同时又造就了数以万计的乡村绅士，除了狩猎和惩罚偷猎者，他们从不去想任何更有意义的事。如今，大学以相对系统的方式，旨在为社会贡献之前有闲阶级出于意外或是作为副产品提供的东西，这无疑是一大进步，但也存在一定的欠缺。大学生活同外界社会是两个截然不同的环境，生活在学术环境中的人，往往不了解普通民众的关注点和问题。不仅如此，学术界常用的表达方式，还常常令他们的见解无法发挥出对民众应有的影响力。另一个缺陷是，大学教育过于按部就班，在意独创性研究的人可能会举步维艰。因此，当学术高墙之外的所有人都忙碌到无暇关注任何非功利性事务时，学术机构虽然有用，却承担不起守护文明的重任。

在一个没人会被迫每日工作超过四小时的世界里，每一个对科学怀有好奇心的人都可以沉浸其中；每一个画家，无论作品好坏，都可以专注于绘画而不用担心挨饿；年轻作家无须为吸引眼球去创作粗制滥造的作品，想着先获取足够的经济支撑再去创作不朽名篇，毕竟经济独立后，他们往往也丧失了品位和能力；那些从事具体专业工作的人，只要对经济或政府事务的某些方面感兴趣，就可以投身其中，而不必成为与世隔绝的学者，与世隔绝正是大学的经济学家脱离现实的原因；医务人员将会有更多时间去了解医学的发展，教师们也不必气急败坏地套用传统的教学方法，教授学生自己年轻时学到的知识，毕竟随着时间的推移，那些知识可能已经不再正确了。

其中最重要的，便是人们能拥有幸福快乐的生活，不再被精神紧张、身心疲惫和消化不良困扰。那些必须完成的工作只会令闲暇更显愉悦，却不会造成疲惫。休息时间不疲惫，人们便不会只追求被动乏味的娱乐，一百个人中至少会有一个愿将工作之余的时间投入对公共有益的事务，而且，由于不需要以此为生，他们的独创性也不会受到影响，不必去迎合老学究定下的标准。不过，闲暇的益处并不局限于这些特殊情况。世间的平凡男女，如果有机会过上幸福生活，必将会更加与人为善，更少迫害和猜忌他人。这种情况下，人们不会再热衷于战争，更何况战争还意味着每个人都要工作得更久更辛苦。在所有的道德品质中，善良的天性是这个世界最需要的，但善良的天性源自松弛感和安全感，而非艰苦劳碌的人生。现代生产方式已经为人类提供了拥有松弛感和安全感的可能，但我们却选择了让一些人劳碌致死，另一些人忍饥挨饿。迄今为止，我们还保持着机器诞生前的那股忙碌劲儿，这无疑是愚蠢的，但我们没有理由永远愚蠢下去。

将工作视为美德的信念，已经对现代社会造成了不可忽视的破坏。想要走上繁荣幸福之路，必须有计划地缩减工作。

闲暇是文明的必要条件。在过去，只有通过多数人的辛劳，少数人才能获得闲暇，但多数人的辛劳之所以有价值，并不是因为劳动是好事，而是因为闲暇是好事。随着现代科技的发展，在不损害文明进程的前提下，公正地分配闲暇已成为可能。

合理利用闲暇是文明和教育的成果。一个终其一生都在劳碌的人，突然清闲下来会觉得无聊。可是，一个人如果没有充分的闲暇，便会同生活中许多最好的东西失之交臂。

一个人每天工作四小时，便应该有权获得生活所需以及基本舒适的生活状态，其余时间可依照个人喜好随意支配。

在所有的道德品质中，善良的天性是这个世界最需要的，但善良的天性源自松弛感和安全感，而非艰苦劳碌的人生。

"无用的"知识

▎ "无用的"知识最重要的优点，是养成人们深度思考的习惯。

弗朗西斯·培根，一个靠着出卖朋友发迹的人，称"知识就是力量"。这无疑是他对人生经验的成熟总结，但并非**所有**知识都意味着力量。托马斯·布朗爵士曾痴迷于弄明白海妖唱的是什么歌，但就算能找到答案，他也不会因此从地方法官荣升为国家名誉部长。培根所说的知识，当属我们称为科学的知识。不过，在强调科学重要地位的同时，他又落伍地沿袭了阿拉伯人和中世纪早期的传统，认为知识主要由占星术、炼金术和药物学组成，它们都属于科学的分支。精通以上知识便是学识渊博的人，并由此拥有近乎魔法的力量。11 世纪初，教皇西尔维斯特二世仅仅是读过这类书籍，就被众人视为同魔鬼结盟的魔法师。在莎士比亚时代，普洛斯彼罗[1]虽然只是个虚构的人物，却

1　莎士比亚戏剧《暴风雨》中的人物，沉迷于学习魔法。

代表了几个世纪以来大众心目中的学者形象，至少就其法力而言的确如此。培根相信，科学的威力，比之前巫师梦寐以求的魔杖还要厉害，这一观点无疑相当正确，如今也早被大家认可。

培根生活的年代，英国文艺复兴已步入鼎盛时期，而文艺复兴反对将知识功利化。希腊人熟悉荷马，如同我们熟悉音乐厅里演奏的歌曲，因为喜欢，他们不会觉得自己是在学习一门知识。可 16 世纪的人若不具备足够的语言学知识，根本不可能读懂荷马。人们崇尚希腊人，不希望被排斥在他们的享乐之外，无论是研读古典著作，还是其他一些不便公开的爱好，大家都要处处仿效。文艺复兴时期，学习是**生活之乐**的一部分，就像饮酒和做爱一样。文学如此，那些更为严肃的学问亦如此。人们都知道霍布斯第一次翻阅欧几里得著作的故事：他偶然打开书，看到了毕达哥拉斯定理，感慨道："上帝啊，这不可能！"于是他开始从后向前阅读它的证明，一直读到公理部分，才彻底信服。没有人可以质疑，这对霍布斯来说是个令他沉醉的时刻，完全没有被几何学在测量领域的实用性想法玷污。

诚然，文艺复兴也为同神学相关的古代语言找到了实际用途。人们对古典拉丁文旧爱重拾的初期成果之一，便是不再相信伪造的教皇教令和君士坦丁大帝捐赠一事[1]。拉丁文《圣经》和希腊文译本间的不符，使希腊语和希伯来语成了新教神学家们争辩时必备的技能。希腊与罗马的共和主义名言被援引来证明清教徒同斯图亚特王朝、耶稣会士同不再效忠教皇的君主之间对抗的合理性。但所有这些，都是在路德前近一个世纪就已经在意大利全面发展的古典学术复兴的结果，而非原因。文艺复兴的主要动机是精神的愉悦，是对艺术和思想中原本丰富且自由之精神的复兴。由于之前被无知和迷信蒙住了心灵，这种精神曾一度丢失。

人们发现，希腊人不仅关注文学和艺术，还关心哲学、几何学和天文学等学科。因此，这些学问都值得尊重，但其他学科的地位就存在争议了。的确，希波克拉底和盖伦的成就为医学赢得了荣耀，但很长一段时间它只局限于阿拉伯人和犹太人之间，且同巫术密不可分，因此帕拉塞尔苏斯[2]这类人才会毁誉参半。化学的名声就更糟了，18世纪前一直都被视若无睹。

如此一来，绅士的知识素养，往往就由希腊和拉丁语，

1　历史上最早的虚假文件之一，称罗马皇帝君士坦丁一世自愿将土地赠予教皇。

2　帕拉塞尔苏斯（Paracelsus），德国文艺复兴时期的医生、炼金术士和占星师。

外加少许几何学和天文学的知识构成。希腊人不屑于几何学的实际应用，也只有在陷入颓废时，才会发现伪装成占星术的天文学的用途。16世纪至17世纪，人们整体上在用当初希腊人的超然态度研究数学，并倾向于忽视那些因同巫术纠缠不清而自降身份的学科。进入18世纪，人们的知识面越来越广，也开始慢慢关注更为实用的知识。18世纪末期，法国大革命和机器的发展，更是突然加速了这种转变。前者狠狠打击了绅士文化，后者则为实践那些不够绅士的技术提供了令人惊叹的崭新空间。过去一百五十年，质疑"无用的"知识的声音越来越强烈，人们越来越相信，同社会经济生活相关的知识才是世上唯一值得拥有的知识。

在英法这些拥有传统教育制度的国家，功利主义的知识观并未被全盘接受。大学的中文教授会阅读中国古典名著，却未必了解现代中国的开创者孙中山的著作；也仍有人会因古代作者干净利落的文笔去阅读古代史，即止于古希腊亚历山大大帝和罗马尼禄皇帝的历史，却拒绝了解之后更为重要的历史事件，只因后期史学家的文笔过于拙劣。不过，即便在英法两国，这一古老传统也在慢慢消亡，在美俄这些新兴国家更是早已了无踪迹。比如，在美国，教育委员会提出，鉴于多数商业信函只会用到一千五百个单词，教学大纲完全没有必要再纳入其他词汇。英国人发明的基础英语更为简洁，直接将必备单词缩减到了八百个。认为语言具有审美价值的观念正在逐渐消失，现在人们认为，语言的唯一用处就是传递实用信息。在俄国，追求实用主义的风潮甚至比美国更为狂热：教育机构传授的全部知识，都致力于服务教育或政府事务的某些明确目标。唯一的例外是神学：一些人必须阅读德文原版去研究《圣经》，还有一小部分教授必须学习哲学，以便为辩证唯物主义辩护，抵制资产阶级形而上学家的批判。不过，随着正统观念的稳固，用不了多久，这点小空隙也将被彻底封死。

无论在哪里，知识本身都不再被视为财富，或是塑造博大、具有人文关怀的人生观的途径，而仅仅被当作技术能力的组成部分。这一现象是科学技术和军事需要带来的社会一体化的一种表现。相较过去，政治和经济的相互依赖更为突出，与日俱增的社会压力迫使个人去选择他人认为有用的生活方式。教育机构，除了个别专为富人开设的，或是（英国）一些延续着亘古不变的传统的高校以外，都不能自作主张地支配经费。教育必须服务于传授技能、灌输忠诚这类实用的目标，如此才符合国家的意愿，这也是引发义务兵役制、童子军、政党组织和利用媒体引导政治情绪的运动必不可少的一环。我们比此前任何时代都更在意自己的同胞，我们如果道德高尚，会渴望为他们付出，但无论如何都要确保他们会为我们付出。我们不希望别人悠闲地享受生活，无论他的爱好多么高雅。我们认为，每个个体都理所应当要为伟大的事业（无论它是什么）做出贡献，更何况蓄意搞破坏的恶人如此之多，我们更应当站出来予以阻止。因此，我们没有闲情逸致去学习任何知识，除非它能辅助我们，为我们认为重要的事业添砖加瓦。

关于狭义的功利主义教育观，我有很多话想说。一个人开始谋生前，不可能有足够的时间涉猎各种知识，这时"有用的"知识无疑**相当**必要。它造就了现代社会，离开它，我们就不会拥有机器、汽车、铁路和飞机；不仅如此，现代广告业和宣传业也不会出现。现代知识显著提升了人类的整体健康水平，与此同时又让用毒气摧毁一座大城市成为可能。同此前相比，我们这个时代独有的特点都源于"有用的"知识。迄今为止，没有哪个社会拥有了足够多的有用知识，但毋庸置疑的是，教育必将会不断将其增进。

此外，我们还必须承认，传统文化教育多半都愚蠢至极。男孩们花了很多年学习拉丁语和希腊语语法，最后却既没能力也没兴趣（除极少数情况）阅读希腊语和拉丁语著作。无论从哪个角度衡量，现代语言和历史都要比拉丁语和希腊语更值得学习。它们不仅更有用，还能让人在短期内收获更多的文化知识。但对于 15 世纪的意大利人来说，任何能找到的书籍都值得一读，而那些作品不是用他们自己的语言，就是用希腊语或拉丁语写成的，故这两门语言是研习文化不可或缺的钥匙。可那之后，用各种现代语言创作的伟大作品相继问世，随着文明的飞速发展，古代知识对解决当今问题的作用，显然远不如关乎现代国家及其相对近代历史的知识。传统教师的观点虽然在知识复兴的年代颇受赞誉，现在却渐渐变得过于狭隘，毕竟它忽略了 15 世纪后世界的发展。如果教导得当，不仅是历史和现代语言，科学同样会对文化做出贡献。因此，即便不为传统的教育体系辩护，我依旧可以说，除了最直接的功利性考虑，教育应该还有其他目标。我们如果从更广阔的层面思考实用和文化，会发现二者并不像它们的狂热拥护者以为的那样水火不容。

除了文化同直接效用绑定的情况，那些无助于提高技术效率的知识，也会带来各式各样的间接效用。在我看来，当今世界现存的一些最糟糕的状况，都可以通过鼓励学习这类知识以减少对单纯专业技能的一味追求而得到改善。

对大多数人来说，主观能动性如果完全聚焦于某个明确的目的，最终往往会引起神经紊乱的精神失衡。举个例子，大战期间，负责制定德国政策的人就在潜水艇战上犯下大错，导致美国站到了协约国一边。任何刚接触这个问题的人都能看出这一政策的荒谬之处，但当权者由于精神过度集中、缺少休息，反而无法做出理性判断。如果试图完成的任务长期压抑本能冲动，人们也会遭遇同样的境况。日本帝国主义者和德国纳粹分子都曾由于精神上太过专注于完成某些任务而出现紧张的狂热。如果这些任务同这群狂热分子想象的一样重要且可行，倒或许会带来举世瞩目的成就；但大多数时候，这群人狭隘的视野只会令某些强大的抗衡力湮没无闻，或是将所有抗衡都视为需要用严惩和血腥手段去打压的魔鬼行径。成人和孩子都需要娱乐，我是说，一段除了享受当下没有其他目的的活动时间。但假如享乐也需要目标，那就必须在同工作无关的事情上寻找愉悦和兴趣。

　　现代城市居民的消遣方式已经越来越倾向于消极和集体化，经常都是在被动观看别人的一技之长。当然，即便如此也远比没有强，但它肯定无法同受过教育、发展出无关工作的广博的智识兴趣相提并论。在合理的经济体系下，由于机器生产改善了人类的生活质量，人们的休闲时间应当大幅增长。不过，如果没有相当数量的智识活动和兴趣，过多的闲暇就容易让人无聊。有闲人士想要幸福就必须接受教育，除了具有直接效用的技术知识教育，还要有以精神享受为目标的教育。

在获取知识的过程中，一旦文化被成功地吸收，便能够塑造人的思想和欲望，使他们至少在一定程度上将自己同广阔的非私人事务连接，而非局限在同小我具有直接利害关系的事情上。人们过于理所当然地认为，一个人通过学习获得某种技能后，必定会凭借其造福社会。但狭隘的功利主义教育观忘了，培养理想和培养技能一样必要。未经培养的人性中存在着相当程度的残忍，会通过形形色色的方式或轻或重地表现出来。学校的孩子经常欺负新来的或是衣着打扮与众不同的同学；许多女人（以及不少男人）会恶意散播流言蜚语中伤他人；西班牙人热爱斗牛，英国人喜欢打猎和射击。同样残忍的人性在德国屠杀犹太人、苏联消灭富农的运动中表现得更为深重。帝国主义为这种残忍的冲动提供了空间，战争中，残忍甚至会被神化为公民职责的至高表现。

虽然必须承认，受过高等教育的人有时也残忍，但我认为有一点毋庸置疑，相较于心智尚未开化的人，受过高等教育的人展示残忍的频率会低很多。制造校园霸凌的学生，成绩很少能达到平均水平；一旦出现动用私刑的情况，领头者几乎无一例外都愚昧无知。这并不是因为心灵教育能培养出积极的人道主义情感，虽然存在这种可能，而是因为它会让人关注虐待他人之外的其他爱好，提供支配别人之外的其他自尊来源。世间众生最向往的无非是权力和仰慕。通常来说，无知的人只能依靠残忍的手段，包括蛮力征服来得到这两样东西。文化教养给人提供了危害性较弱的权力，以及更值得钦佩的获得仰慕的方式。在改变世界方面，伽利略的成就超过了任何一位君主，他的力量远比迫害他的人更大，因此，他没有必要反过来去当一个迫害者。

或许，"无用的"知识最重要的优点，是养成人们深度思考的习惯。世上有太多莽撞的行为，有些是因为事先没有考虑周全，有些甚至是根本不被理智允许的。人们在这方面表现出的偏见可谓千奇百怪。梅菲斯特对青年学生说，理论是灰色的，而生命之树常青。结果，所有人在引用这句话时，就好像这是歌德的观点，但这明明是歌德心中的魔鬼才会对大学生说的话。哈姆雷特被视为只思考却不行动的可怕典型，却没有人视奥赛罗为只行动不思考的典型。诸如柏格森这类教授，看待实干家时总是一副势利眼，却大肆贬低哲学，说生活的最佳状态应当像骑兵冲锋。于我而言，最佳的行为应当源自对宇宙和人类命运的深刻理解，而非某种浪漫却失衡的自信引发的狂热冲动。养成在思考而非行动中获得乐趣的习惯，可以预防愚昧无知和过度的权力欲，能令人在不幸中保持平静，在忧虑中保持沉着。只关注小我的人生或许迟早会苦不堪言，只有步入更为广阔、烦躁较少的宇宙，生活中较为悲伤的部分才会变得能够忍受。

养成深度思考的习惯益处多多，或微不足道，或意义深远。先说生活中的小烦恼吧，比如被跳蚤咬、火车误点或是碰上牢骚不断的商业伙伴。这些烦恼肯定还不用上升到反思卓越的英雄主义或人类暂时性弊病的层面，但它们引发的烦躁却能毁掉不少人的好脾气和生活乐趣。在这种情况下，可以从同这些烦恼或相关或假装相关的偏僻知识中找到安慰，即便二者之间没有任何关系，这些知识也有助于将这些烦恼从大脑中抹去。当我们被气到脸色发白的人攻击时，想想笛卡尔《论激情》中题为"为什么气到脸色发白的人比气到脸色发红的人更可怕"这一章，肯定会觉得有点意思；当一个人对促成一项艰难的国际合作失去耐心时，如果碰巧想到在十字军东征前，被封为"圣人"的路易九世同《天方夜谭》中代表世上一半罪恶源泉的"山中老人"结盟，就不会那么不耐烦了；当资本家的贪婪令人窒息时，想到布鲁图斯这位代表共和理想的典范，曾以百分之四十的利息贷款给一座城镇，发现后者无力偿还时，直接雇用一支私人军队将其围攻，或许就会突然收获些许慰藉。

奇特的知识不仅能降低烦心事的不愉快程度，还能让开心事的愉快程度加倍。我之所以会更加钟爱桃和杏，是因为知道中国早在汉代初期，就已经种植这两种水果了；之后它们被伟大的迦腻色迦王扣押的中国人质带到印度，再传入波斯，最后于公元 1 世纪抵达罗马帝国；我还知道，"杏"（apricot）和"早熟"（precocious）一词源自同一拉丁语词源，因为杏成熟得较早，至于首字母 A，则是因为错误的词源学被误加上去的。所有这些知识都令这种水果变得更加美味。

大约一百年前，一群好心的乐善好施者成立了以"传播有用知识"为目的的社团，导致人们不再去欣赏那些美味而"无用的"知识了。有一次，我碰巧翻开罗伯特·伯顿的《忧郁的解剖》，当时我正在遭受这种情绪的威胁。我了解到存在一种"忧郁的物质"。一些人认为它由四种体液导致，但"盖伦认为它可能仅由三种体液引发，黏液不能被包括在内。对此，瓦勒利奥斯和梅纳杜斯表示坚决支持，佛席斯、蒙塔尔图斯和蒙塔纳斯也赞同，（他们说）白的怎么能变成黑的呢"。虽然这一观点看起来无从争辩，但（伯顿说）海格立斯·德·萨克森、卡当、吉亚涅里乌斯和劳伦提乌斯持相反观点。这些关于历史的反思抚慰了我。我的忧郁症，无论那是由三种还是四种体液引发的，都瞬间烟消云散了。说到治疗过度热情，我想，恐怕没有什么疗法，能比上一节古人的辩论课更有效果了。

虽然零星的文化之乐对缓解实际生活中的琐碎苦恼有一定帮助，但深度思考更可贵的优点，却同生命中更沉重的罪恶、死亡、痛苦、残忍，以及国家盲目地陷入不必要的灾难有关。对一些人来说，武断的宗教已无法带来慰藉，他们必须找寻替代品，生活才不至于灰暗、严酷，充斥着琐碎的一意孤行。当今世界随处可见以自我为中心的愤怒群体，他们无法从整个人类的角度看待问题，相比退让一步，他们宁愿摧毁文明。再多的技术知识都无法治愈这种狭隘，因为这一问题实则关乎个人心理健康，只能从历史学、生物学、天文学以及所有无碍自尊心且能让个人正确看待自己的学问中寻觅解药。人们需要的不是这样那样的具体知识片段，而是足以激发人类存在意义这一概念的知识：艺术与历史，了解英雄人物的生平，以及对人类在宇宙中偶然又短暂这一奇特地位的理解——都能激发对人类的自豪感：人类拥有观察与理解的能力，具备崇高的感情，能够透彻地思考，是独一无二的存在。广阔的洞察力同客观情感结合便会产生智慧。

无论在哪个年代，人生都充满痛苦，而我们这个时代的痛苦又远超前两个世纪。为了逃避痛苦，人们陷入琐碎、自欺欺人，甚至去创造庞大的集体神话。但从长远看，这些临时的缓解方式只会增加痛苦的来源。个人和社会的不幸只能靠意志和智慧的相互配合来减缓：意志的作用是拒绝逃避不幸或接受不切实际的解决方案，而智慧的作用则是理解它，如果有办法就补救，如果没有，就将其放在更大的背景中看待，接受其不可避免性，同时记住在它之外，还有其他地区、其他时代以及遥远的星空，这样不幸便会变得可以承受了。

现代城市居民的消遣方式已经越来越倾向于消极和集体化，经常都是在被动观看别人的一技之长。当然，即便如此也远比没有强，但它肯定无法同受过教育、发展出无关工作的广博的智识兴趣相提并论。

人们过于理所当然地认为，一个人通过学习获得某种技能后，必定会凭借其造福社会。但狭隘的功利主义教育观忘了，培养理想和培养技能一样必要。未经培养的人性中存在着相当程度的残忍，会通过形形色色的方式或轻或重地表现出来。

最佳的行为应当源自对宇宙和人类命运的深刻理解，而非某种浪漫却失衡的自信引发的狂热冲动。养成在思考而非行动中获得乐趣的习惯，可以预防愚昧无知和过度的权力欲，能令人在不幸中保持平静，在忧虑中保持沉着。

只关注小我的人生或许迟早会苦不堪言，只有步入更为广阔、烦躁较少的宇宙，生活中较为悲伤的部分才会变得能够忍受。

广阔的洞察力同客观情感结合便会产生智慧。

教　育

教育与纪律

❚ 如何将适当形式的自由同最低限度、必要的道德培养相结合，正是教育家尚需解决的难题。

任何严肃的教育理论都必须包含两部分：生活目标的概念及心理动力学知识，即心理变化的规律。两个人在生活目标上有分歧，必然也无法在教育理念上达成一致。在西方文明中，基督教和民族主义这两种道德观一直支配着教育机器。严肃分析的话，两种观念互不兼容，这一点在德国表现得尤为明显。于我个人而言，二者不同之处，基督教更为可取；二者一致之处，两种观念均不正确。我打算用文明这一概念替代教育目的，这里的文明部分涉及个体，部分涉及社会。涉及个体的部分包含了智力和道德两种品质：智力包括最低限度的一般性知识、个人专业领域的技能及依据事实得出观点的习惯；道德包括公正、善良和一定的自控力。我还要补充一种既非道德也非智力，或许可归为心理范畴的品质：对生活的热情和欢愉。放到社会中，文明要求人们遵守法律，公平公正，行为上不能以永久伤害人类某一部分为目的，需凭借智力手段实现目标。

如果以上是教育的目的，心理学要思考的便是，如何实现这些目的，尤其是何种程度的自由才能产生最佳效果。

关于教育的自由问题，根据目的和心理学理论的不同，目前存在三个主要思想流派。有人说，孩子应当被赋予全面的自由，不管他们表现得多顽劣；有人说，孩子应当彻底服从权威，不管他们表现得多听话；还有人说，孩子应当拥有自由，但自由的同时他们必须一直表现良好。虽然明显不合逻辑，但相当多的人都持最后一种观点。孩子和成人一样，如果被放任自流，便不可能一直表现良好。认为自由是道德高尚的保障是卢梭教育思想的残留，不适用于动物和孩子的研究。持这一观点的人认为，教育不应设置明确的目标，只需为受教育者提供适合其自然发展的环境。对此我无法赞同，在我看来这过于个人主义，又过于轻视知识的重要性了。我们生活在需要彼此协作的社会，认为仅凭自发冲动就能实现社会所需的全部合作，未免过于乌托邦了。想要保证庞大的人口能够在有限区域内生存，必然要依赖科学和技术，因此，教育必须传递这一领域最低限度的必要知识。主张最大限度自由的教育家，他们自身的成功往往取决于一定程度的慈悲、自控力以及受过训练的智慧，如果冲动不受限制，这些美德恐怕难以产生。原封不动地套用他们的教育方法，不太可能延续他们身上的美德。从社会的角度看，教育应当是比单纯的自由成长机会更为积极的东西。当然，自由成长的机会也不可或缺，但教育必须教会孩子那些仅凭他们自身无法全面获得的精神和道德品质。

赞成教育应当提供最大限度自由的人，其依据并非人类天性善良，而是担心权威的影响，无论是对受制于权威的人，还是权威的实施者。长期被权威压迫的孩子要么变得唯命是从，要么反叛不羁，两种性格各有弊端。

唯命是从的人，无论是在思想上还是在行动上都缺乏主动性；不仅如此，受挫感引发的恼怒，会令他们倾向于欺负更弱小的同类以寻求宣泄。这正是专制制度永无休止的原因：一个人在其父亲那受了罪，转头便会施加在自己的儿子身上；从前在学校里遭受的欺凌，他会铭记在心，成为一国之首后便会转移给自己的"国民"。由此可见，教育如果过分强调权威，会使学生变成胆小的暴君，无力开创也无法容忍任何言行上的创新。过分强调权威对教育者的影响更为严峻：他们往往会变成虐待狂式的管教者，只热衷于激发恐惧。除此之外，别无他求。由于这些人是知识的化身，学生们会因此惧怕知识，在英国上层社会看来，这是人性的一部分，但这种惧怕实则只是对专制教师合理的憎恨。

此外，叛逆虽有必要，但叛逆者往往很难对现有事物保持公正。不仅如此，叛逆的形式虽然多种多样，明智的叛逆却少之又少。伽利略叛逆且聪明，相信地球是平的人同样叛逆，却相当愚蠢。认为反权威便值得称赞，观点有悖传统便一定正确，是十分危险的倾向：无论是砸坏路灯，还是强调莎士比亚不算诗人，这些做法都毫无意义。之所以会出现这种过分的叛逆，往往正是因为过多的权威压抑了学生的朝气。这些叛逆者成为教育者后，有时会鼓励学生勇于反抗，与此同时又想尽力营造完美的学习环境，尽管两个目标难以兼容。

然而，社会需要的既非唯命是从也非反叛不羁，而是善良的天性，以及对人和新思想普遍的友好态度。拥有这些品质部分是由生理原因决定的，这方面传统教育家们鲜有关注；但更多是因为摆脱了活力受挫后无能为力的困惑感。在绝大多数情况下，希望年轻人成长为友善的大人，就有必要让他们感受到周围环境的友好。这就需要对孩子的重要欲望抱有同理心，而非试图利用他们为某些抽象的目标奋斗，比如上帝的荣耀和祖国的伟大。教学过程中应尽最大努力让学生明白，花费时间去弄懂被教授的东西是值得的——至少对于正确的知识应当如此。只要学生愿意配合，学习必将事半功倍。这些便是支持教育高度自由化的依据。

不过，这一观点有时容易走向极端。孩子在避开奴隶的恶习时染上贵族的恶习，这并不是我们期望的结果。关心他人不仅适用于重大事件，也存在于日常小事中。它是文明的基本要素，离开它，社会生活将变得令人难以忍受。这里我想说的并不只是表面的礼貌，比如说"请"和"谢谢"：正式的礼节在野蛮人中发展得最为充分，随着文化的进步只会慢慢减少。我指的是，自愿承担一部分必要的工作，在一些能减少整体麻烦的小事上尽量乐于助人。在孩子面前表现得无所不能，或是让他们觉得大人存在的意义就是让小孩子开心，都是不可取的做法。不认可游手好闲的有钱人，却将自己的孩子培养成毫无工作意识、缺乏持之以恒精神的人，未免显得言行不一。

倡导自由的人还会忽略一个因素。在一个由孩子组成的群体中，离开成人的干预，强者对弱者的专制可能比成人世界的暴政还要残忍许多。两个两三岁的孩子一起玩耍，打过几次架就会知道谁注定是胜利者，而失败的一方则会沦为奴隶。换作孩子更多的地方，其中一两个很快会取得全面控制权，而其他孩子能够拥有的自由，远少于有成人保护弱小和听话孩子的集体。对多数孩子来说，为他人着想的品德并非天生，而是需要后天的学习，离开成人的权威，他们很难学会这一点。这或许就是反对成人放弃干预的最重要的原因。

在我看来，如何将适当形式的自由同最低限度、必要的道德培养相结合，正是教育家尚需解决的难题。必须承认，孩子进入启蒙学校时，由于此前家长的干预，正确的解决方案很多时候已经难以实施了。正如心理分析学家从临床经验中得出的结论，世人皆疯狂，而对于现代学校的管理者来说，每每接触到被父母培养得无法无天的孩子，都倾向于得出孩子皆"难管"、父母皆无知的结论。由于父母的专制（通常以关爱的形式）而变得不安分的孩子，或多或少需要一段完全自由的时间，才能对其他大人放下戒心。但如果父母管教得当，孩子便能够接受一些程度轻微的监督，只要他们觉得在自己认为重要的事情上得到了帮助。那些喜欢孩子，不会因为同他们相处而变得神经衰弱的成人，既能在纪律教育方面取得较大成就，又不会损害自己在学生眼中的友善形象。

我认为，现代教育学家过于看重不干涉孩子生活的消极美德，又过于忽视享受孩子陪伴的积极影响。如果你像很多人喜欢骏马和爱犬那样去喜欢孩子，孩子就会更愿意对你的建议做出回应，接受你的"禁令"，或许也会有些调侃式的抱怨，但绝不会心生憎恨。但如果你喜欢孩子只是因为视他们为值得付出社会努力的对象，或者——二者在本质上并无区别——权力欲的宣泄口，教育只会徒劳无功。如果你对孩子感兴趣是因为他们将来会为你的党派争取到一票，或是为你的国王和祖国做出牺牲，注定不会有孩子对你心怀感恩。真正可取的兴趣，是对陪伴孩子自发地感到愉悦，而非源于任何别有用心的目的。具备这种品质的教师通常无须干预孩子的自由，但假若需要，也完全可以在不对孩子造成心理伤害的情况下完成。

不幸的是，劳碌过度的教师根本不可能一直保持对孩子发自内心的喜爱；他们对孩子的感情，最终会变得同知名甜品店的学徒看待马卡龙一样。我不认为教育应该成为任何人的全部职业：每天最多从事两小时的教育工作便已足够，其他时间，教师应该去做一些不必同孩子打交道的事。孩子的世界，尤其是在缺少严格纪律约束的情况下，的确令人疲惫。疲惫最终会导致烦躁。无论这些被叨扰的教师相信何种教育理论，烦躁大概率都会以某种方式表现出来。教师必备的友善不能仅靠自控力维持。但只要它存于心中，就无须为管教"调皮"的孩子事先制定规则，因为冲动很可能导向正确的决定，而只要孩子能感受到你喜欢他，那你的任何决定几乎都将是正确的。毕竟，任何聪明的规则，都无法代替情感和体贴。

从社会的角度看，教育应当是比单纯的自由成长机会更为积极的东西。当然，自由成长的机会也不可或缺，但教育必须教会孩子那些仅凭他们自身无法全面获得的精神和道德品质。

叛逆的形式虽然多种多样，明智的叛逆却少之又少。伽利略叛逆且聪明，相信地球是平的人同样叛逆，却相当愚蠢。认为反权威便值得称赞，观点有悖传统便一定正确，是十分危险的倾向：无论是砸坏路灯，还是强调莎士比亚不算诗人，这些做法都毫无意义。

社会需要的既非唯命是从也非反叛不羁，而是善良的天性，以及对人和新思想普遍的友好态度。

在孩子面前表现得无所不能，或是让他们觉得大人存在的意义就是让小孩子开心，都是不可取的做法。不认可游手好闲的有钱人，却将自己的孩子培养成毫无工作意识、缺乏持之以恒精神的人，未免显得言行不一。

真正可取的兴趣，是对陪伴孩子自发地感到愉悦，而非源于任何别有用心的目的。

斯多葛主义和心理健康

▌ 我们必须设法建立某种死亡观，而不是单纯地忽略死亡的存在。

随着现代心理学的发展，过去一些单凭道德纪律去应对（相当失败）的教育问题，如今已经可以通过更为间接却更为科学的方法加以解决了。现在似乎有一种倾向，即认为斯多葛式的自制力早已过时，这种倾向在对精神分析知之甚少却又盲目拥护的人群中尤为普遍。我不赞成这种观点。本文中，我将说明自制力在一些情形下的必要性、培养年轻人自制力的方法，同时会讨论培养这一品质时需要规避的危险。

斯多葛主义要解决的最艰难却又最本质的问题即为死亡，让我们不妨从这一点谈起。应对死亡的恐惧有诸多办法：我们可以试着忽略它，对它绝口不提，或是在发现自己深陷其中时，努力将思绪转移至别处。在威尔斯的《时间机器》中，那些追求享乐的人采用的便是这种方式。或者，我们可以选择截然相反的方法，不断思索人生之短暂，期待这种熟悉感能让我们蔑视死亡。查理五世退位后，在修道院里就用过这种方法。剑桥大学的某位院士就更夸张了。他将棺材摆在卧室中与之同寝，还经常握着铲子跑进校园的草坪，将地上的虫子劈成两半，嘴里嚷嚷着："喂！现在你还吃不了我！"第三种方法向来也被广泛采纳，即说服自己和他人，死亡不是真正意义上的消亡，而是通往更美好的新生活的途径。这三种方法以不同比例混合，构成了大多数人对死亡这一令人不快的事实的适应力。

不过，无论是哪种方法，都存在批评的声音。企图避免思考对情绪影响较大的话题，就像弗洛伊德在谈论性时指出的那样，不仅注定不会成功，还会引发各种负面的心理扭曲。当然，对孩子来说，他们在年少时可能对死亡一无所知，无论是何种令人悲伤的死亡，但这种情况是否会发生全凭运气。一旦父母和兄弟姐妹中有人离世，我们便无法阻挡孩子在情感上产生死亡意识。就算幸运地对儿时有人离世的事情印象不深，他们迟早也得面对这一问题；毫无准备的话，一旦不幸降临，他们就极有可能产生严重的心理失衡。因此，我们必须设法建立某种死亡观，而不是单纯地忽略死亡的存在。

长期陷在对死亡的阴郁思考中，其危害程度也绝不比上一种情况小。过于专注地思考任何问题都不是理智的做法，尤其是在思考无法付诸行动时。我们当然可以通过一些做法推迟自己的死亡，在一定范围内每个正常人都会这么做，但任何人都无法阻止最终的死亡，因此，将其作为冥想的主题毫无益处。不仅如此，这种思考还容易降低对外界人和事的兴趣，而一些客观的爱好对保持心理健康又必不可少。对死亡的恐惧会让人觉得自己只是外界力量的奴隶，而奴隶心态显然不会产生好的结果。如果说，通过冥想，一个人能够真正摆脱对死亡的恐惧，那他自然不会再想这个问题。只要死亡继续占据他的思想，就说明他依旧在害怕。因此，这种做法并不比别的办法高明。

　　从逻辑上看，相信死亡是通向更美好的生活的途径，理应能消除人们对死亡的恐惧。对医学界来说，值得庆幸的是，除了极少数罕见的情况，这一信念根本产生不了这种效果。没有任何发现能够证明，相较于认为死亡终结一切的人，相信来世的人在面对疾病时更坚强，在战场上表现得更英勇。已故的 F.W.H. 迈尔斯曾讲过一件事：他在餐桌上问一个人死后会怎样。对方先是试图回避这个问题，在他的穷追不舍下，最后才回答说："哦，好吧，我想我会永享天堂之乐，但要是您不提这个令人不快的话题就好了。"造成这种明显的自相矛盾，自然是因为对大多数人而言，宗教信仰只存在于他们有意识的思想中，却无法成功改变无意识机制。想要真正克服对死亡的恐惧，必须依靠能够影响整个行为模式的方法，不能只作用于通常被称为意识思维的那部分行为。在极少数情况下，宗教信仰也能影响整个行为模式，但对大多数人来说并非如此。除了行为学上的解释，这一方法之所以会失败还有两个原因：其一，再狂热的信仰宣言也掺杂疑虑，这种疑虑会表现为对怀疑论者的愤怒；其二，如果信仰没有依据，相信来世的人会倾向于强化而非削弱死亡的恐怖，进而令那些本就没有绝对把握的人更加惶恐。

那么，到底应该怎么做，才能帮助年轻人适应这个死亡不可避免的世界？我们必须实现三个很难融为一体的目标。第一，不应给他们留下一种印象，即死亡是我们不愿谈论也不鼓励他们思考的话题。一旦给他们留下这样的印象，他们反而会认为死亡是个有趣的谜题，并为此想得更多。在这一点上，参照当下我们熟悉的性教育理念即可。第二，如若可能，采取行动预防他们过度或过于频繁地思考死亡，反对的理由同反对他们沉迷色情一样，因为这种沉迷会降低效率、影响人的全面发展，进而引发令其本人和他人都不满的行为。第三，不能单单指望通过意识思维培养出面对死亡的满意态度，尤其要注意的是，向人们证明死亡没有想象中可怕的信念发挥不了作用，如果（通常如此）这种信念无法渗透到对方的意识层面之下。

为了实现以上这些目标，我们必须根据儿童和青少年的经历，采取不同的方式方法。如果孩子身边没有亲人离世，他便会易于接受死亡是件平常的事，不会为此产生过多的情感反应。只要死亡是抽象的、非个人的，就应用就事论事的语气去谈论它，不要将其描绘成某种可怕的东西。如果孩子问："我会死吗？"你应当回答："会，但那应该是很久以后的事了。"注意，不要让孩子觉得死亡是个神秘的东西，要让他们将死亡和渐渐磨损的玩具看作同一类东西。如果可能，在孩子年龄尚小时让死亡看起来是件十分遥远的事，无疑是可取的做法。

如果对孩子相当重要的人去世了，那情况又有所不同，比如孩子失去了哥哥。父母会伤心，虽然他们可能并不希望孩子知道他们**多么**悲伤，但让孩子感知到父母的**某些**痛苦情绪的做法是正确且必要的。亲情极其重要，应当让孩子体会到长辈对此的重视。此外，如果父母凭借超人般的意志努力向孩子隐瞒了悲伤，孩子可能会想："将来我死了，他们也不会在意。"这种想法可能会引发各种不健康的心理问题。因此，尽管在儿童时代后期（孩子太小时感觉不会太强烈），死亡的悲剧会伤害到孩子，但一旦发生死亡这件事，父母千万不要过分压抑情感。不刻意回避，不过分纠结。尽可能去做一些能激发孩子新爱好，尤其是培养孩子新情感的事，但不要表现得过于刻意。在我看来，孩子对某人的感情过于深厚，往往是因为某种缺失。父母一方不近人情，孩子便可能对另一方好感倍增；父母双方都冷酷无情，孩子便会转而喜欢老师。整体来说，这种表现是恐惧的产物：孩子喜欢的是唯一能给他安全感的人。儿童时代的这种感情不利于心理健康。一旦孩子唯一喜欢的人离世，他的整个生活或将被击碎。即便表面看不出异常，但孩子未来的爱却会伴随着恐惧。无论是对丈夫（或妻子）还是孩子，过分的关爱都会变成困扰，以至于正常生活都会被视作无情。因此，成为孩子心中这种情感对象，对父母来说并不值得高兴。如果孩子生活在整体和睦的环境中且过得开心，他就更容易克服失去某个人的悲伤。只要正常拥有成长和幸福的机会，生活和希望的推动便足够战胜死亡的悲伤。

不过，如果希望孩子成年后的生活更令人满意，青春期时就应培养他面对死亡时更为积极的态度。成年人较少考虑死亡，无论是自己还是所爱之人的死亡。这并非他刻意将注意力转向别处，毕竟这种做法毫无用处且从未成功过，而是因为他拥有更为广泛的兴趣和活动。不过，一旦需要考虑这个问题，最好的办法便是采取斯多葛主义的态度，慎重而沉稳地思考，不试图贬低死亡的重要性，而要为能够超越它感到自豪。应对死亡的原则同应对任何令人生畏的事情一样：对待让我们恐惧的事情，唯一的解决办法就是坚定地思考。人必须对自己说："嗯，没错，这件事可能会发生，但发生了又如何？"面对战场上的牺牲，人们就可以达到这种境界，因为他们坚信，自己或亲人愿意为之捐躯的事业无比重要。这种心态放在任何时候都可取。无论何时，人都应该觉得活着是为了完成一些重要的事，个人或妻儿的死亡，并不会终止这个世界上他所在意的一切。如果希望孩子在成年后能够真心且彻底地拥有这种态度，青春期时便要培养他对世间万物的热情，让他以此建设未来的生活和事业。青春期是包容的时期，理应被用来培养包容的习惯，这一点可以通过父亲或老师的影响来实现。在更理想的社会中，母亲更应担起这一重任，但就目前的情况看，女性的生活往往令她们的世界观过于个人化，在智识上难以承担我心中的这份责任。出于同样的原因，在对世界拥有广泛兴趣的新一代女性真正成长起来之前，青少年（无论男女）的老师通常应当由男性担任。

近代以来，斯多葛主义在生活中的地位似乎有些被低估，尤其是被进步主义教育家低估了。当我们的生活被不幸威胁时，有两种应对方法：要么尽可能避免不幸，要么下定决心坚忍不拔地面对。只要不是出于懦弱，用前一种方法避开灾难无疑令人钦佩；但或早或晚，不愿沦为恐惧的奴隶的人还是要用到后一种方法。这便是斯多葛主义者的态度。但这对教育者来说也是巨大的挑战，因为向年轻人灌输斯多葛主义容易为虐待狂提供便利。过去，人们过于强化纪律，以至于教育沦为了释放残忍冲动的途径。有没有可能在保持最低限度的纪律约束的同时，又能避免诱发教师以让孩子受苦为乐的嗜好？当然，老派的人会极力否认他们在这一过程中产生过快感。大家应该听说过这个故事：父亲用藤条鞭打男孩，边打边说："孩子呀，虽然打在你身上，但我比你还要疼。"对此，男孩回答："既然这样，父亲，能换我来打你吗？"塞缪尔·巴特勒在《众生之路》中描写了严酷的父母虐待狂般的快感，文笔之逼真令任何一个现代心理学专业的学生都深信无疑。那么，我们究竟该如何做？

在斯多葛主义能够有效应对的众多恐惧中，对死亡的恐惧只是其中之一。此外还有对贫穷的恐惧、对肉体痛苦的恐惧，以及富裕阶层的女性对分娩的恐惧。这些恐惧会动摇人的意志，多少让人变得可鄙。不过，如果认同对此类事情应当不屑一顾的看法，我们又会倾向于认为，无须采取任何措施去减轻不幸。过去很长一段时间，人们都认为妇女分娩时不应使用麻醉；在日本，这种观念甚至延续至今。男医生认定麻醉对身体有害，可这一观点毫无依据，只是满足了无意识中的虐待倾向。不过，越是减轻分娩的痛苦，有钱的女性反而越不愿意忍受：她们的勇气比对勇气的需求消失得更快。这显然需要一种平衡。我们不可能让整个人生都温柔愉悦，因此必须拥有应对一部分不愉快的心态，但在培养这种态度的过程中，又必须尽可能不去鼓励残忍。

任何同小孩子打交道的人都会很快明白，过多的同情是不对的，当然缺少同情更糟糕。这一点同世间任何事一样，走极端总归不好。一个总是被怜爱的孩子，将来但凡碰到一点不顺都会大哭大闹；普通成年人普遍具备的自制力，正是来源于这样一种认知，即动辄大惊小怪不会赢得同情。其实孩子们很容易明白，一个有时严厉的成年人有利于他们的成长。本能会告诉他们是否被爱着。对于真正关心他们的人，他们能接受一些严厉的方式，只要其目的是他们的良好发展。因此，解决办法从理论上说倒也简单：被明智的爱引导，教育者便会做正确的事。可事实上，再没有比这更复杂的了。父母和教师都会遭遇疲惫、烦恼、忧虑、焦躁的困扰，这时，如果某些教育理论提出，只要是为了孩子的最终成长，便可以将这些情绪发泄到他们身上，那无疑十分危险。可是，如果理论本身没有错，我们就要接受它，并将危险展现在父母和教师面前，这样他们才会尽全力加以防范。

现在，让我们根据以上探讨整理出一些结论。从孩子的角度考虑，生活中关于痛苦和不幸的知识，既不应回避，也不应强加，而是应在厄运不可避免时让他们自然而然地明白。如果痛苦之事不得不被提起，尽量客观冷静地阐述，家庭成员去世时除外，因为这种情况下再去隐藏悲伤未免太不自然。成年人应在言行中表现出积极向上的勇气，这样年轻人便会潜移默化地从他们的榜样中汲取这种力量。青春期时，向孩子呈现大量非个人化的爱好，教育应培养他们（通过启发而非直接劝诫）为个人之外的目标而活的观念。灾难降临时，帮助他们回想生活中那些依旧值得去做的事情并以此忍受不幸；但他们不应沉湎于可能发生的不幸，即便出发点是为了做好迎接不幸的准备。同年轻人打交道的人必须时刻自我监督，确保自己不从灌输必要的纪律中获得虐待狂般的快感；纪律必须始终以发展孩子的品格和智力作为出发点。智力教育同样需要纪律，否则不可能实现严谨。不过，智力教育的纪律是另一个话题，不在本文的讨论范围之内。

最后我还要补充一句，发自内心的自我约束才是最好的纪律。要做到这一点，必须让孩子和青少年产生实现某一艰巨目标的雄心壮志，这样他们便会心甘情愿地为之付出努力。这种雄心壮志往往来自周围某个人的激发，因此，即便是自律，最终也要取决于教育中的鼓励。

长期陷在对死亡的阴郁思考中，其危害程度也绝不比上一种情况小。过于专注地思考任何问题都不是理智的做法，尤其是在思考无法付诸行动时。

想要真正克服对死亡的恐惧，必须依靠能够影响整个行为模式的方法，不能只作用于通常被称为意识思维的那部分行为。

应对死亡的原则同应对任何令人生畏的事情一样：对待让我们恐惧的事情，唯一的解决办法就是坚定地思考。人必须对自己说："嗯，没错，这件事可能会发生，但发生了又如何？"

我们不可能让整个人生都温柔愉悦，因此必须拥有应对一部分不愉快的心态，但在培养这种态度的过程中，又必须尽可能不去鼓励残忍。

从孩子的角度考虑，生活中关于痛苦和不幸的知识，既不应回避，也不应强加，而是应在厄运不可避免时让他们自然而然地明白。

论年轻人的犬儒主义

> 只有让知识分子找到能展现他们创造力的事业，才能真正根治犬儒主义。

访问过西方世界大学的人，往往都会震惊于一个事实，即当今知识青年们玩世不恭的程度远超从前。俄罗斯、印度、中国和日本不存在这种情况，我相信捷克斯洛伐克、南斯拉夫和波兰也绝非如此，这种情况在德国应该也不普遍，但这无疑是英国、法国和美国知识青年的一个显著特征。要想弄明白西方的年轻人为何玩世不恭，我们需要同时弄清楚，为何东方的年轻人身上不存在这一特点。

俄国的年轻人不会玩世不恭，因为他们整体接受了共产主义思想，再加上幅员辽阔的国家自然资源丰富，随时等待着他们凭借聪明才智进行开发。因此，对年轻人而言，摆在面前的，是一份他们认为值得去奋斗的事业。如果在创建乌托邦的过程中，你的任务是铺设管道、修建铁路，或是在四英里长的阵线上同时教授多个农民操作福特拖拉机，你便无须考虑生活的目的。因此，俄国青年朝气蓬勃、信仰坚定。

在印度，认真的年轻人都有一个基本信念，即英国是邪恶的：以此为前提，如同笛卡尔"存在"的概念一样，他们推导出了整个哲学体系。既然英国是基督教国家，那么印度教或伊斯兰教（视情况而定）便是唯一真正的宗教；既然英国是资本主义工业国，按照逻辑学家们的心气，又可以推导出如下结论：要么每个人都该用纺车纺纱，要么就该征收保护关税，发展本土工业和资本主义，只有这样才能击败英国人；既然英国依靠暴力控制印度，那么便可以得出唯有道德力量才令人钦佩的结论。在印度，迫害民族主义运动人士只会让后者成为英雄，却不会让他们的努力看上去徒劳无功。就这样，英印两国的关系将印度知识青年从犬儒主义的阴影中解救了出来。

在中国，青年将爱国主义与对西方主义由衷的热情结合在一起，很像五十年前日本国内普遍弥漫的情绪。他们希望中国人开明、自由、富裕，而他们的任务便是竭尽全力实现这一理想。总体来说，他们的理想是 19 世纪的理想，但这种理想在中国尚未过时。在中国，选择了犬儒主义的主要是封建王朝的官员，还有自1911年以来就在不停扰乱这个国家、热衷于发动战争的军国主义分子，但在现代知识分子身上，犬儒主义没有生存的土壤。

在日本，知识青年的世界观同1815年至1848年间盛行于欧洲大陆的思潮并无二致。自由主义的口号依旧具有广泛的影响力：议会制政府、民众自由、思想自由和言论自由。反对传统封建主义和专制主义的斗争，已足够让年轻人终日兴奋得忙碌不停了。

不过，对老于世故的西方青年来说，这些热情未免有些肤浅了。他们坚信，在客观地探究了世间万物后，他们已然看穿了一切，"日光之下并无新鲜事"。当然，老一辈的学说中对此有过不少解释，但我认为它们并未找到问题的根源，因为通常情况下年轻人会通过反抗旧学说而产生自己的信仰。可如果说当今西方青年唯一的对抗方式便是犬儒主义，那么造成这种状况的就一定另有其特殊原因。年轻人不仅无法再相信别人所说的东西，而且似乎什么都不相信了。这无疑是奇怪的现象，值得一番研究。我们不妨先逐一分析一些旧理念，看看它们为何无法再激发人们此前的信念感。这些理念包括：宗教、国家、进步、美、真理。在年轻人看来，这些理念究竟出了什么问题？

宗教。宗教问题的出现一部分源于学识，一部分源于社会。受到学识的影响，现在的人已经不可能拥有像托马斯·阿奎纳那样强烈的宗教信仰了。大多数现代人对上帝这一概念都有些含糊，他们更倾向于将其降级为一种"生命力"或"人类之外有助于正义的力量"。连信徒们都更关心宗教对现世而非他们自诩信仰的另一个世界的影响了。他们已经不太相信这个世界是为了彰显上帝的荣耀而创造的，而是更愿意将上帝视为改善世界的有益设定。让上帝从属于尘世生活的需要，这令他们开始怀疑自己信仰的真诚性。他们似乎认为上帝就像安息日一样，是为人类配置的。不再将教会作为现代社会的理想根基还有一定的社会学原因。教会接受信徒的捐赠，这便同保护个人财产产生了关系。不仅如此，教会还代表着某种压迫性的道德观。这种观念谴责了许多在年轻人看来完全无害的娱乐，并由此引发了大量在怀疑主义者看来完全没有必要的痛苦。我认识一些真诚的年轻人，他们原本全心全意地接受基督教教义，结果却发现他们同官方宣扬的基督教背道而驰，并因此被抛弃、被迫害，就像他们是激进的无神论者一样。

国家。在诸多时代、诸多地方，爱国主义都是为进步人士所充分认可的饱含热情的信仰。莎士比亚时代的英国、费希特时代的德国和马志尼时代的意大利都是如此。在波兰、中国和蒙古国依旧如此。在西方国家，爱国主义力量依旧强大，控制了政治、公共开支和军备等领域。但对知识青年来说，这已经不是他们能够接受的合适理想了。他们意识到，这一理想对受压迫民族的确有益，可一旦该民族取得独立，之前带有英雄色彩的民族主义便会成为对其他民族的压迫。波兰，这个自玛丽亚·特雷莎"边哭边瓜分"起便收获了理想主义者同情的国家，独立后便开始对乌克兰实施压迫。爱尔兰，这个被英国强加了八百年文明的国家，凭借获取的自由制定法律，阻挠了大量优秀文学作品的出版。波兰人屠杀乌克兰人和爱尔兰人谋杀文学的案例说明，即便是小国，将民族主义作为理想都不够合适。一旦涉及强大的国家，民族主义就更值得商榷了。对在捍卫理想的斗争中侥幸存活下来的人来说，《凡尔赛条约》并不值得欢欣鼓舞，因为这正是统治者对理想的背叛。那些在战争期间高喊打倒军国主义口号的统治者，战争结束后纷纷成了各自国家的头号军国主义者。这些事实令知识青年清晰地意识到，爱国主义已经成为这个时代最大的祸害，一旦无法缓解，便会毁灭文明。

进步。在心智成熟的青年看来，进步这一属于19世纪的理想过于巴比特[1]了。可衡量的进步对应的都是不重要的东西，比如汽车的产量和花生的消耗量。生命中真正重要的东西都是不可衡量的，进步这种激励法对他们而言并不适用。更何况，不少现代发明还容易使人愚笨，比如收音机、有声电影和毒气。莎士比亚曾用诗的风格来衡量一个时代杰出与否（十四行诗第三十二首），但这一衡量标准显然已经过时。

美。虽然难以解释，但关于美的讨论听起来多少都会有些老套。如果一个现代画家被评价为"追求美"，他一定会为此愤愤不平。当今画家的灵感来源往往是对世界的某种愤怒，因此，他们宁愿赋予作品巨大的痛苦，也不愿去表现岁月静好后的满足。此外，美的产生通常需要人们认真看待自己，这对于现代知识分子来说无疑有些困难。在雅典或佛罗伦萨这类小城邦，如果出现一个杰出公民，他自然而然会觉得自己举足轻重。地球是宇宙的中心，人类是造物主的目的，他的城市展示了人类最好的一面，而他又是这座城市最优秀的代表。在这种环境中，埃斯库罗斯和但丁可以认真地审视自己的欢乐和悲伤。他们能感受到

---

1 巴比特，美国作家刘易斯代表作《巴比特》的主人公，是庸俗市侩的代名词。

个人情感的重要性，认为有必要用不朽的诗篇来展现悲剧。不过，对现代人来说，不幸降临时，他会觉得自己只是统计学中的一个数字而已。在他面前，过去和未来就是载着琐碎失败的阴郁队列，向两端延伸。人本身就像只大摇大摆的可笑动物，在属于无限沉默的某个短暂插曲中大吵大闹。"贫瘠时代的人类，不过是寒碜、赤裸的双脚动物。"李尔王说，这个想法令他陷入疯狂，因为它在当时显得格格不入。但现代人对此感同身受，并在其引导之下走向琐碎。

真理。在过去，真理是绝对的、永恒的、超越人类的。年轻时我对此也坚信不疑，并为探寻真理虚度了青春。可敌人纷至沓来，试图置真理于死地：实用主义、行为主义、心理主义、相对论物理学。伽利略和宗教裁判所的分歧在于是地球绕着太阳转还是太阳绕着地球转；二者的共同点在于，双方都认为这两种观点存在本质差异。但他们的一致之处恰恰是双方的错误所在：两种观点只是文字表达上的区别而已。在过去，崇拜真理还是可能的；事实上，人类自我牺牲的案例就体现了这一崇拜的虔诚。可要人们去崇拜一个人类专属的相对真理困难重重。在爱丁顿看来，万有引力定律只不过让测量变得更便捷，但并不比其他观点更接近真理，就像公制并不比英尺和码更准确一样。

> 自然和自然法则在黑夜中隐藏；
>
> 上帝说："让牛顿去吧！"于是测量变得便捷起来。

这种态度似乎少了点崇高感。每当斯宾诺莎相信一件事，他就觉得自己正在享受上帝的智慧之爱。现代人要么像马克思那样，相信自己受经济动机的支配；要么就同弗洛伊德一样，认为自己相信指数定律或红海动物群的分布是源于某种性本能。无论哪种情况，现代人都不可能再体会到斯宾诺莎的狂喜。

截至目前，我们都在从理性的角度分析现代人的犬儒主义，寻找其产生的智力原因。不过，正如现代心理学家不厌其烦地告诫我们的那样，信仰极少由理性的动机决定。怀疑也同理，虽然怀疑论者常常忽略这一事实。任何一种普遍怀疑主义的产生，多半都源于社会学而非智力的影响，其主要原因往往是失去权力后的舒适感。身居高位的人不信奉犬儒主义，因为他们能够执行自己的想法。被压迫者也不信奉犬儒主义，因为他们的内心早已被仇恨填满，而仇恨，就像其他任何强烈的情感一样，会带来一连串随之而来的信念。在教育、民主和大规模生产出现之前，无论是哪个国家，知识分子在公共事务上都拥有巨大的影响力，即便他们为此丢掉脑袋，这种影响力也丝毫不会减弱。现代知识分子却处在截然不同的境况。只要愿意向愚蠢的富人出售自己的服务，无论是作为那些人的吹捧者还是被圈养的宫廷小丑，他们都可以轻而易举地收获一份肥差和不错的薪水。大规模生产和基础教育带来的结果是，愚蠢比文明兴起之后的任何时代都更为根深蒂固。但在社会相对稳定的西方，鲜有事情能引发如此强烈的仇恨，也很难有机会开展如此壮阔的复仇。知识分子为政府和有钱人工作并领取薪水，即便心里可能已经认为他们的追求荒谬甚至危害社会。不过，一些犬儒主义的态度可以让他们视情况调整自己的良心。诚然，在一些社会活动中，当权者需要的恰巧是那些完全令人钦佩的工作，其中科学排第一位，在美国，公共建筑学可以位居第二。但如果一个人接受的是文科教育——现在文科类的学者也很多，他就会发现，在二十二岁的年纪，他空有一身本领，却完全没有办法以他认为重要的方式施展。即便在西方，科学家中也少有犬儒，因为他们可以在社会全面认可的前提下，锻炼自己杰出的头脑；当然，在这一点上，他们只能说是现代知识分子中极其幸运的那部分人。

如果这一诊断正确，治疗现代犬儒主义就不能仅靠说教，或者是在年轻人面前摆出——相较于曾经的牧师和主人从过时的迷信中打捞出来的——更好的理想。只有让知识分子找到能展现他们创造力的事业，才能真正根治犬儒主义。除了迪斯雷利主张的老办法"教育我们的主人"，我也找不到别的解决方式。这里说的教育是真正的教育，而非现今无产阶级和大财阀接受的教育。它应当能够吸纳真正的文化价值，而非单纯想要生产大量产品的功利主义欲望，更何况那么多产品人们根本就没有时间享用。如果不具备人体相关知识，一个人不可能被允许行医；但那些金融家，虽然对自己参与的商业活动产生的影响一无所知——他们只知道对自己的银行账户有什么影响，却可以被允许自由经营。一个人如果不通过经济学和希腊诗歌的考试，就不能被允许从事证券交易；如果全面的历史及现代文学知识是政治家的基本要求，这个世界将会变得多么美好！试想一位商业大亨被问到这样的问题："如果你打算囤积小麦，那会对德国诗歌产生怎样的影响？"由于大型机构的增加，现代世界因果关系的影响比以往任何时候都更为复杂深远，但这些机构的管理者却个个愚蠢至极，对自己的行为可能产生的后果没有丝毫了解。拉伯雷担心丢掉大学的饭碗，于是选择将自己的作品匿名出版；一个现代拉伯雷则压根儿不会写这本书，因为他知道再怎么匿名，终究都会被精明的宣传方式暴露。世界的统治者向来愚蠢，却从未像今天这样手握如此大权。因此，找到让他们保持理性的方法空前重要。这个难题是否无法解决？我不这么认为，但做到这一点的确并非易事。

地球是宇宙的中心，人类是造物主的目的，他的城市展示了人类最好的一面，而他又是这座城市最优秀的代表。在这种环境中，埃斯库罗斯和但丁可以认真地审视自己的欢乐和悲伤。他们能感受到个人情感的重要性，认为有必要用不朽的诗篇来展现悲剧。不过，对现代人来说，不幸降临时，他会觉得自己只是统计学中的一个数字而已。在他面前，过去和未来就是载着琐碎失败的阴郁队列，向两端延伸。人本身就像只大摇大摆的可笑动物，在属于无限沉默的某个短暂插曲中大吵大闹。

现代人要么像马克思那样，相信自己受经济动机的支配；要么就同弗洛伊德一样，认为自己相信指数定律或红海动物群的分布是源于某种性本能。无论哪种情况，现代人都不可能再体会到斯宾诺莎的狂喜。

身居高位的人不信奉犬儒主义，因为他们能够执行自己的想法。被压迫者也不信奉犬儒主义，因为他们的内心早已被仇恨填满，而仇恨，就像其他任何强烈的情感一样，会带来一连串随之而来的信念。

爱　情

浪漫的爱情

▍浪漫爱情的本质，是爱人难以拥有却又弥足珍贵。

随着基督教和野蛮人的胜利，男女关系沦落到了兽性的境地，这在此前数世纪的古代世界闻所未闻。古代世界邪恶，但算不上兽性。在黑暗时代，宗教同野蛮联手，令性在生活中的地位急剧恶化。婚姻中，妻子没有任何权利；婚姻之外，既然一切均为原罪，野蛮男人身上的原始兽欲自然便无法遏制。中世纪的道德败坏随处可见，令人生厌：主教们明目张胆地同亲生女儿同居，大主教们提拔他们的男宠于附近的教区任职。[1] 虽然主张神职人员保持独身的呼声与日俱增，实际情况却同戒律的规定相去甚远。纵使教

1　Lea, "History of the Inquisition in the Middle Ages," Vol. I, pp.9, 14. ——原注

皇格里高利七世竭力敦促牧师遣散妾室，但直到阿伯拉尔[1]所处的年代，他依旧认为迎娶爱洛伊斯虽然会招致非议，却仍是可行的。直至 13 世纪末，神职人员才需要严格奉行独身主义。当然，这些人依旧会同女性发生不合法的性关系，只不过无法赋予这些关系任何美和尊严，毕竟他们自己都承认这些行为既不道德也不纯洁。至于教会，在禁欲思想的影响下，自然不可能以任何方式美化爱情，那是凡夫俗子的工作。

神职人员一旦违背誓言，过上连自己都认为有罪的生活，他们的道德水平便会很快降至普通人之下，这一点不足为奇。我们或许不必过于强调某些神职人员道德沦丧的孤立事件，比如，教皇约翰二十三世同时犯下乱伦、通奸以及数不尽的其他罪行；1171 年，坎特伯雷圣奥古斯丁修道院院长被查出仅在一个村庄便拥有十七位私生子；1130 年，西班牙圣佩拉约修道院院长被证实同不下七十名女性有染；还有 1274 年因

1　阿伯拉尔（Pierre Abélard），法国神学家、哲学家，因与学生爱洛伊斯相爱被施以宫刑。

拥有六十五名私生子被罢免的列日主教亨利三世；但我们不能对市议会和教会作家所罗列的一连串证据视而不见。他们合力记载的罪恶，远比单纯包养情妇更为罪孽深重。据说，牧师娶妻时，对这一结合有违法规的清晰认知，反倒会令他们对婚姻的忠诚度大打折扣，于是重婚和朝三暮四在他们中尤为普遍。中世纪作家的记载中有大量相关的描述，比如，妓院般淫乱的女修道院发生过多次杀婴事件；由于神职人员长期以来普遍的乱伦现象，各种严厉的法令不得不被一而再再而三地颁布，禁止神职人员同自己的母亲或姐妹同居。基督教的一大使命是在世界范围内尽可能杜绝有悖伦理的爱，可人们却频繁地发现，这种爱始终存在于修道院中。宗教改革前不久，谴责神职人员在忏悔室里偷情的声音越来越多，批判情绪也愈发高涨。[1]

纵观整个中世纪，在教会推崇的希腊罗马传统和贵族宣扬的日耳曼传统之间，始终存在着一条奇怪的分界线。双方都对文明做出了贡献，但内容却截然不同。教会贡献

1　W. E. H. Lecky, "History of European Morals," Vol. II , pp.350—351.——原注

了知识、哲学、教规和基督教统一的观点——所有这些都是地中海古代文明的延续。世俗之人贡献了普通法、世俗的政府形式、骑士精神、诗歌和爱情故事，其中，同我们最相关的便是浪漫的爱情。

说中世纪之前的人们不懂浪漫的爱情并不准确，不过，直到中世纪，爱情才成为人们普遍认识到的一种情感。浪漫爱情的本质，是爱人难以拥有却又弥足珍贵，因此需要凭借各式各样的努力，如诗歌、歌谣、精湛的武艺，或是其他令女性感到愉悦的方法，去赢得所爱之人的芳心。男人之所以坚信女人是极其宝贵的财富，正是因她们不易追求而产生的心理反应。在我看来，如果男性轻而易举便能获得某位女士的芳心，他对她的感情或许就不再是浪漫的爱情了。浪漫的爱情，就中世纪的情况而言，起初指向的并非男性可以与之发生合法或非法性关系的女性，而是那些身份高贵，由于道德和习俗上不可逾越的障碍，无法与之在一起的女性。在让男人觉得性天生不纯洁这方面，教会的工作完成得相当称职，于是，除非所要追求的女性高不可攀，否则男人根本不可能对其产生诗意的情感。爱情若要拥有美感，就必须是柏拉图式的。现代人难以想象中世纪那些宛如诗人般的爱人的心理。他们爱得热切，却没有与对方发生亲密关系的欲望，这在现代人看来不可理喻，于是只能将他们的爱情视为一种流行的文学表达。毫无疑问，事实有时的确如此；但同样毫无疑问的是，文学表达也受习俗的支配。但丁在《新生》中表达的对贝雅特丽齐的爱，绝不只是流行风尚。在我看来，恰恰相反，那是一种比大多数现代人能够理解的更为炽热的情感。中世纪的高贵灵魂看不上世俗生活。在他们眼中，人类的本能是腐败和原罪的产物，他们厌恶肉体和肉体欲望；对他们来说，纯粹的快乐只能源自令人愉悦的沉思，绝不会掺杂任何性的成分。在爱情的领域，这种观点必将产生我们在但丁身上看到的那种对待爱情的态度。男人如果深爱且尊重一个女人，便不可能将她同性联系在一起，因为一切性关系对他来说多少都是不纯洁的。因此，他的爱情总是以诗意和想象的形式出现，并自然而然地充满了象征色彩。这些观点对文学产生了令人赞叹的影响，从爱情诗歌的逐渐兴起便可见一斑——从皇帝腓特烈二世的宫廷开始，于文艺复兴时期达到巅峰。

我所了解到的关于中世纪后期爱情最好的描述之一，出自赫伊津哈《中世纪的衰落》(*The Waning of the Middle Ages*，1924)一书。

在 12 世纪，[他说，]普罗旺斯的游吟诗人将无法满足的欲望作为诗意爱情的核心，由此引发了文明史上的重要转折。古人也吟唱爱情之苦，但顶多是在表达对快乐的期待和可怜的挫败。皮拉莫斯和提斯柏[1]、刻法罗斯和普洛克里斯[2]的感人之处，在于他们的悲剧结局，在于原本拥有了幸福却又令人心痛地失去。但歌颂"典雅爱情[3]"的诗歌却将欲望本身作为核心主题，创作出了基调消极的爱情理念。新诗歌理念并未抛弃爱情中令人感官愉悦的因素，同时又拥抱了一切道德期许。爱情成了完美道德和完美文化的聚集地。因为爱情，优雅的恋人总是单纯又贞洁。爱情中的精神因素越来越占据主导，并于 13 世纪末，在但丁和他的朋友们"温柔的新体"（*dolce stil nuovo*）这一诗歌风格中达到顶峰——在他们的笔下，爱情会令人发自内心地虔诚和圣洁。这无疑走向了一种极端。意大利诗歌开

1　奥维德《变形计》中的一对恋人。

2　古希腊神话中的一对恋人。

3　典雅爱情（Courtly Love），中世纪的一种文学传统，描写骑士对贵妇人忠贞却无结果的爱情。

始逐渐回归到用不那么直白的表达描绘情欲的路子上来。彼特拉克的诗歌就既表达了精神之爱，又表达了更富有天性魅力的古典爱情。很快，典雅爱情的人为体系被抛弃了。进入文艺复兴后，之前隐藏在典雅爱情中的柏拉图主义促成了具有精神倾向的新型爱情诗歌，至此，典雅爱情同其他爱情的微妙差异便不再被加以区分。

不过，爱情在法国和勃艮第的发展同意大利不尽相同。法国贵族的爱情观深受《玫瑰传奇》的影响。这首长诗虽然描绘了骑士爱情，但并未坚持爱情不可得的观点。事实上，它批判了教会的教义，是肯定爱情在生活中应有地位的异教徒式的主张。

如此将智力和道德融入"爱的艺术"的上层社会，在历史上相当罕见。在其他任何时代，文明的理想同爱情的理想都从未融合得如此深入。如果说经院哲学力求用一个中心贯穿各种哲学思想，是中世纪精神的伟大求索，那么，典雅爱情的理论就是在相对世俗的层面，努力涵盖高贵生活的方方面面。《玫瑰传奇》并未破坏这一体系，只是修正了它的倾向，丰富了它的内涵。[1]

中世纪是极为粗鄙的时期，但《玫瑰传奇》倡导的爱情，虽然在神职人员眼中算不上美德，却优雅、勇敢且温柔。当然，这种情感仅适用于贵族阶层，他们不仅拥有闲暇，在某些方面还可以免于教会专制的约束。教会虽然对为爱情而决斗深恶痛绝，却又无力压制；同样，教会也压制不了骑士爱情。身处现在的民主时代，我们很容易忘记贵族制度在不同时期为世界带来的好处。毫无疑问，如果没有骑士浪漫的铺垫，在爱情再次流行这件事上，文艺复兴不可能取得如此大的成功。

文艺复兴时期，由于对异教信仰的反感，爱情尽管仍有诗意，但通常不再是柏拉图式的了。在对堂吉诃德和杜尔西内娅的描述中，我们可以看出文艺复兴对中世纪传统的看法。然而，中世纪的传统对这一时期并非毫无影响；锡德尼的《爱星者与星》(*Astrophel and Stella*) 中便满是中世纪传统的影子，从莎士比亚写给 W.H. 先生的十四行诗中

---

1 Huizinga, *The Waning of the Middle Ages*, pp.95-96.——原注

也能看出不少踪迹。不过，总体来说，文艺复兴时期的爱情诗欢快而直白。

> 不要嘲笑我躺在你的床上，
> 寒冷的夜晚快要将我冻坏。

一位伊丽莎白时代的诗人如此写道。必须承认，这种感情直截了当、毫无顾忌，没有半点柏拉图式的影子。不过，文艺复兴从中世纪的柏拉图式爱情中学到了用诗歌求爱。《辛白林》（*Cymbeline*）中的克洛顿被人嘲笑，就是因为他写不出爱情诗，于是不得不雇用了一位廉价的文人，后者写出了"听！听！云雀"——应该说写得相当不错。奇怪的是，中世纪之前，虽然存在大量与爱情有关的诗歌，但直接求爱的诗歌却不多见。中国的诗歌多表现丈夫不在时女人的悲哀；印度诗歌充满了神秘色彩，会用苦苦等待新郎出现的新娘代表灵魂，新郎则是神的化身；总之可以看出，男人想要得到心仪的女人易如反掌，根本无须动用音乐和诗歌去求爱。从艺术的角度看，女人太容易得手未免有些可惜；最佳的情况是，俘获她们的芳心困难重重却又并非毫无希望。自文艺复兴以来，这种风潮或多或少地存在。求偶的困难部分源自外部，部分源自内部，后者一般是传统道德说教引发的顾忌。

浪漫的爱情在浪漫主义运动中达到了顶峰，人们经常将雪莱视为这场运动的代表人物。坠入爱河的雪莱感情细腻如水、想象力天马行空，这些情感也在他的诗歌中呈现了出来。自然，对雪莱而言，激发这些创作的情感百益无一害，他也不认为爱情应被任何理由束缚。不过，他的观点实则是建立在一种不良心态之上。他之所以写诗，是因为爱情的欲望从未得到过满足。如果高贵而不幸的艾米莉亚·维维亚尼女士没有被送进修道院，他便不会在冲动中写下《心之灵》；如果简·威廉姆斯不是一位颇为贤惠的太太，他也不会创作《回忆》这首诗。雪莱痛斥的社会阻力，正是刺激他写就千古名篇的重要因素。他身上的浪漫爱情，恰恰依赖这种不稳定的平衡，即传统的阻碍依然存在，却又并非完全不可逾越；阻力过于顽固抑或完全不存在，都不利于浪漫爱情的发展。中国传统习俗便是一个极端的代表。在这种习俗的影响下，男人除了自己的妻子，无法接触到任何良家妇女。一旦认为妻子无法满足需求，他便只能寻花问柳。妻子通常是别人替他选的，很可能直到婚前都未曾谋面。因此，他的所有性伴侣都同浪漫的爱情毫无关系，他也从未有过主动求爱的机会，无法促成爱情诗的产生。另外，如果社会倡导全面自由，拥有创作出伟大爱情诗天赋的男人又极有可能凭借自身魅力轻易斩获异性的青睐，以至于他根本无须再去发挥丰富的想象力征服异性。因此，爱情诗依赖于传统和自由之间的微妙平衡，任何一方打破平衡，都不可能以最完美的形式呈现。

不过，诗歌绝非爱情的唯一目的。就算不以艺术表达的形式出现，浪漫的爱情依然会生根发芽。在我看来，浪漫的爱情是生活中最强烈的愉悦源泉。彼此相爱的男女之间那种充满热情、想象和温柔的关系，拥有难以估量的价值，体会不到这一点，对任何人来说都是巨大的不幸。在我看来，社会制度应当允许这种快乐存在，这一点至关重要，虽然爱情只是生命的一部分，而非其最主要目的。

进入现代社会，即法国大革命之后，婚姻是浪漫爱情产物的观点开始流行。大部分现代人，至少是英语国家的人，都觉得这种观点理所当然，殊不知，不久之前，这还只是一种革命性的前卫观点。一百多年前的小说和戏剧，经常会描写年轻人为争取这种新式婚姻，同父母包办的传统婚姻制度进行斗争的故事。当然，建立在浪漫的爱情基础上的婚姻，结局能否同当初的倡导者所设想的一样美好，这一点还值得商榷。马拉普洛普太太[1] 提到的原则颇有一些道理：她认为，爱情和厌恶都会在婚姻中渐渐冷却，因此不如带着一点对彼此的厌恶步入婚姻。如果双方都对性知识一无所知，仅凭浪漫爱情的影响便步入婚姻殿堂，他们便容易将对方想象成超越凡人的完美化身，认为婚姻等同于梦幻般的长久幸福。那些成长环境单纯、对两性关系一无所知的女性尤为如此，她们根本无法区分性渴望和志趣相投。在美国，对婚姻的浪漫想象比其他任何地方都严重，法律和习俗都建立在单身女性的梦想之上，其结果便是居高不下的离婚率，真正幸福的婚姻少之又少。婚姻远比两个人享受彼此的陪伴更为严肃。作为一项制度，婚姻因生儿育女的事实构建了亲密的社会结构，影响范围已远远超出了夫妻二人的个人情感。以浪漫的爱情为基础组建的婚姻应当是美好的——我认为是美好的——但人们需要明白，能够令婚姻保持幸福并完成其社会目的的爱并不是浪漫，而是更为深切、亲密，更为现实的情感。身处浪漫的爱情中，恋人往往在透过一层迷人的薄雾看对方，因此看得并不真切。毋庸置疑的是，对某些类型的女性来说，婚后她

1　英国喜剧作家理查德·谢里丹《情敌》中的一个角色。

依旧可以选择被裹在这层薄雾中，前提是她的丈夫也属于某种特定的类型。不过，想要做到这一点，她必须避免与丈夫发生真实的亲密关系，就像神秘的斯芬克斯一样，不让丈夫了解她内心的想法和感受，以及一定程度上的身体隐私。不过，这些行为会阻碍婚姻实现最佳的可能性，因为后者依赖于不掺杂任何幻想的深情。此外，将浪漫的爱情视为婚姻本质的观点过于无政府主义，就像圣保罗的观点那样，二者虽然恰好相反，但显然都忘了婚姻之所以重要，是因为子女。如果不是因为子女，社会不需要任何与性相关的制度；可一旦有了孩子，但凡夫妻二人有一点点责任感或是对血脉的感情，就不得不承认，他们对彼此的感情已经不再是最重要的了。

说中世纪之前的人们不懂浪漫的爱情并不准确，不过，直到中世纪，爱情才成为人们普遍认识到的一种情感。

浪漫爱情的本质，是爱人难以拥有却又弥足珍贵，因此需要凭借各式各样的努力，如诗歌、歌谣、精湛的武艺，或是其他令女性感到愉悦的方法，去赢得所爱之人的芳心。

爱情诗依赖于传统和自由之间的微妙平衡，任何一方打破平衡，都不可能以最完美的形式呈现。

浪漫的爱情是生活中最强烈的愉悦源泉。彼此相爱的男女之间那种充满热情、想象和温柔的关系，拥有难以估量的价值。

爱情在人类生活中的地位

> 爱情有其自身的恰当理念和内在的道德准则。

　　大部分社会关于爱情的主流观点都存在一种奇怪的双重性：一方面，爱情是诗歌、小说和戏剧的重要主题；另一方面，大多数严肃的社会学家对爱情都采取全然忽视的态度，从不将其视为经济和政治改革的必要因素。在我看来，这种态度于理不合。我认为，爱情是构成人类生活最重要的因素之一，任何不必要的干涉爱情自由发展的制度都是不可取的。

　　倘若使用恰当，"爱情"一词绝不等同于随便一种两性间的关系，它必须蕴含丰富的情感，既关乎心理又关乎生理。爱情的热烈程度没有极限。《特里斯坦与伊索尔德》中描述的情感，相信无数男女都感同身受。对爱情这一情感进行艺术表达的能力是罕见的，但这种情感本身并不罕见，至少在欧洲不是。相较于某些社会，爱情在另一些地方可能更为普遍。之所以会产生这种差异，在我看来原因不在于人的天性，而在于习俗与制度。爱情在中国就颇为罕见，每每在历史上出现，指的都是被红颜祸水蛊惑的昏君身上的弱点。中国的传统文化反对一切强烈的情感，认为一个男人在任何情况下都应保持理性。这一点同18世纪早期的欧洲如出一辙。不过，经历过浪漫主义运动、法国大革命和第一次世界大战后，我们明白了理性在人类生活中，从未像安妮女王时代人们所期待的那样，占据过主导地位。更何况，理性在创造心理分析学说的同时，就已经背叛了自己。现代生活存在三种理性之外的主要活动，分别是宗教、战争和爱情。它们都不属于理性的范畴，但爱情并不反理性，一个理性的人完全可以合理地享受爱情。在现代社会，宗教和爱情之间存在着某种对立。我认为这种对立并非不可避免。它的出现只是因为基督教与其他宗教不同，是建立在禁欲主义的基础之上的。

然而，在现代社会，爱情还有一个比宗教更为危险的敌人，即崇尚事业和经济上的成功。人们普遍认为，事业不应被爱情干扰，否则便是愚蠢。此种观点在美国尤为突出。不过，此事就如同所有人类事务一样，也需要某种平衡。为爱情彻底牺牲事业的确愚蠢，在某些情况下甚至悲壮，但为事业彻底牺牲爱情同样愚蠢，而且毫无悲壮可言。不过，在一个以财富积累为目的而构建的社会中，这一情况时有发生且不可避免。

想象一位当今的典型商人，尤其是美国商人的生活：刚步入成年，他便将自己最杰出的思想和最旺盛的精力用来追求经济上的成功，其他一切都是无关紧要的消遣。年轻时，他时而通过嫖娼来解决生理需求；现在他结婚了，但与妻子之间没有任何共同的兴趣爱好，也从未同她有过真正的亲密。每晚，他拖着一身疲惫从办公室回到家中；清晨，妻子尚未醒来，他便已经起床；周日，他会去打高尔夫，因为努力赚钱需要健康的身体，而健康的身体又离不开运动。妻子的爱好在他眼中都是些女人专属的东西，他虽不反对，却也无意参与。他没有时间发展婚外恋，就像没有时间在婚姻中培养爱情一样，当然出差的时候偶尔还是会寻花问柳。妻子在性方面对他多半是冷淡的，这并不令人惊讶，毕竟他从未花费时间取悦过她。他在潜意识中对这种状况不满意，但又不清楚为什么。大多数时候，他拼命工作以消解这种不满，偶尔也会通过观看拳击赛或是迫害激进分子这些欠佳的方式，去获取施虐的快感。同样心怀不满的妻子会在某些愚昧的陈旧思想中找到宣泄口，通过攻击生活丰富且自由的群体找寻道德上的优越感。就这样，夫妻二人对性生活的不满，在公共精神和高尚道德的伪装下，变成了对人类的憎恨。发生这种不幸，主要是因为人们对性需求的理解有误。圣保罗认为，婚姻唯一的好处就是为男女之间的性行为提供了机会，这一观点从整体上得到了基督教道德家的赞同。他们厌恶性，对性生活的美好视而不见，以至于年轻时被这种思想毒害的人，竟对自己身上最优秀的潜质浑然不觉。

爱情远远不只是追求性的欲望。世间众多男女，生命中的大部分时间都要遭受孤独的折磨，爱情便是摆脱孤独的重要途径。多数人都感受过那种根深蒂固的恐惧，他们害怕这个冰冷的世界，害怕人类的残忍无情；他们渴望亲密，虽然这种渴求常常被男人的粗鲁、鄙陋和蛮横，以及女人的喋喋不休和抱怨连天所掩盖。但只要男女之间存在热烈的爱情，便可以终结孤独感，冲破自我防御的高墙，产生合二为一的新生命。大自然孕育人类，并不是要让他们独自生活。只有借助异性的帮助，他们才能完成生物学上的使命；而且，对文明人来说，离开爱情也无法真正满足性需求。除非人们全身心地投入男女关系，无论是在心理上还是在生理上，否则便无法真正满足这种本能需求。那些未曾体会过深层次的亲密关系，不知相互愉悦的密切陪伴为何物的人，错过了生命能给予的最好的东西；就算并非有意识，他们至少也会在无意识中感受到这种缺失，结果便是，失望令他们变得嫉妒、专横和残忍。因此，给予热烈的爱情以应有的地位，是社会学家需要关注的问题，如果错过了这种体验，无论男女，其人生便不再完整，他们也不会对他人产生温暖的慈悲之情。在这种情况下，他们的社会活动注定会有害无益。

大部分男女在合适的环境下，都会在生命中某个时期感受到强烈的爱情。不过，阅历浅薄之人很难区分热烈的爱情与一时的性吸引，这种情况在受过良好教育的女孩中尤为明显，因为她们总是被教导，除非真爱一个男人，否则不可能产生想要吻他的冲动。如果社会要求一个女孩为婚姻守身如玉，她就极有可能被转瞬即逝、微不足道的性吸引困扰；但有过性经历的女人，会很容易将其同爱情区分开来。毫无疑问，这也是造成不幸婚姻的一个常见原因。即便彼此相爱，如果一方或双方认为爱情是罪恶的，这段感情也必将受到伤害。当然，这种想法倒也有据可依。比如，巴涅尔[1]的通奸无疑是罪恶的，爱尔兰独立的希望为此延迟了多年才得以实现。不过，有时即便罪恶感毫无依据，这种想法也同样会毒害爱情。爱情想要充分发挥其美好的属性，就必须彻底自由、无私、无拘无束又全心全意。

传统教育强加于爱情，甚至是婚姻中的爱情一种罪恶感。这种罪恶感常常会作用于男人和女人的潜意识，无论是思想上追求解放的人，还是因循守旧的人都会受到影响，具体的表现形式也五花八门。男人会在做爱时粗暴、笨拙，缺乏同理心，因为他们不能主动开口去询问女人的感受，也无法真正尊重循序渐进以抵达高潮的方式，然而唯有如此大多数女人才会感到愉悦。事实上，他们往往都意识不到女人同样需要性爱的欢愉，如果她们感受不到，那便是男人的错。接受过传统教育的女性常以性冷淡为傲，身体上非常矜持，不愿别人轻易接近。经验丰富的求爱者或许能让女性放下胆怯，但如果男人将这种矜持视为值得尊重和仰慕的美德，他便注定不会成功，结果便是，结婚多年，夫妻之间依旧拘谨，且多少会有些距离感。我们祖辈的年

1　即查尔斯·斯图尔特·巴涅尔（Charles Stewart Parnell），19世纪后期爱尔兰民族主义领袖，因被指控与他人的妻子通奸而断送了政治生涯。

代，丈夫甚至从未想过要欣赏妻子的裸体，而假若他果真如此提议，妻子也会惊恐万分。今天，持这种态度的人依旧比想象中的多，甚至连思想相对进步的人也保留了不少旧观念。

在现代社会，一种心理上的因素也在阻碍爱情的充分发展，那就是，很多人担心无法在爱情中保全自己的个性。这是一种既愚蠢又颇具现代特色的恐惧。个性本身不是目的，它需要同外部世界充分接触，并在接触的过程中去除其孤立的特性。封闭在玻璃箱中的个性会枯萎凋零，参与自由人际交往的个性才会充盈丰富。爱情、孩子和工作都是令个体与世界的关系更为丰富的伟大源泉，考虑到时间顺序，爱情往往排在最前面。不仅如此，爱情对亲子关系的良好发展也至关重要，毕竟孩子倾向于效仿父母双方的特点，如果父母并非彼此相爱，他们便只会喜欢孩子身上更像自己的部分，苦恼于他表现出的伴侣身上的特征。工作未必能促使人同外界产生富有成效的交流，这取决于人们对待工作的态度。仅仅以追求金钱为目的的工作不可能产生这种效果，只有能体现出某种奉献精神的工作——无论是对人、对事，还是单纯的愿景——才能产生这种价值。如果一个人在爱情中只想占有，爱情便失去了价值，和仅仅以金钱为目标的工作并无二致。期待爱情产生以上提到的价值，就必须对所爱之人的自尊感同身受，将其放在同我们自己同等重要的地位；了解对方的感受和愿望，就像它们是我们自己的一样。换句话说，我们要本能地延伸自我情感，将对方包裹于其中，而不仅仅是有意识地这么做。考虑到当今社会争强好胜的风气，外加一半源于新教一半源于浪漫主义运动的愚蠢的个性崇拜，要做到这一点绝非易事。

经历过思想解放的现代人，正将我们所讨论的真正意义上的爱情置于一种新的危险之中。当人们面对每一次微小的性冲动都倾向于发生性关系而不会因此产生任何道德负担时，他们就会习惯于将性同严肃的感情和真挚的爱情分离。他们甚至可能会将性同仇恨联系在一起。关于这一点，阿道司·赫胥黎的小说提供了最好的证明。他笔下的人物，如同圣保罗一样，将性视为单纯的生理宣泄，对性可能带来的更高价值一无所知。任由这种态度发展，我们离禁欲主义的复兴便不远了。爱情有其自身的恰当理念和内在的道德准则。许多人不清楚这一点，一是由于基督教教义的影响，二是因为许多青年人不加区分地盲目抵制一切性道德。缺少爱情的性关系无法产生深刻的本能满足。

我并不是说这种性关系不应存在，因为想要杜绝它就必须设置一套严格的防控机制，如此一来爱情便也不易产生了。我想表达的是，脱离爱情的性关系毫无价值，最多只能被视为追求爱情的一种尝试。

由此可见，承认爱情在人类生活中的地位相当重要。但爱情又是一种难以控制的力量，任由其自由发展，它便不会受法律和习俗的约束。如果不涉及孩子，这也许影响不大，可一旦涉及孩子，问题就上升到了另一个层面，此时爱情便不能再随心所欲，而要服务于生物学上的目标。因此，我们需要一种同孩子相关的社会伦理标准，一旦冲突产生，便可遏制对强烈爱情的需求。当然，明智的伦理可以最大限度地减少这类冲突，这不仅是因为爱情本身是美好的，还因为如若父母彼此相爱，孩子也会受益匪浅。因此，明智的性伦理的主要任务之一，便是尽可能地不去干预爱情，同时又能维护孩子的利益。不过，想要探讨这个话题，必须在研究了家庭问题之后方可进行。

▌ 爱情是构成人类生活最重要的因素之一，任何不必要的干涉爱情
自由发展的制度都是不可取的。

现代生活存在三种理性之外的主要活动，分别是宗教、战争和爱
情。它们都不属于理性的范畴，但爱情并不反理性，一个理性的
人完全可以合理地享受爱情。

为爱情彻底牺牲事业的确愚蠢，在某些情况下甚至悲壮，但为事
业彻底牺牲爱情同样愚蠢，而且毫无悲壮可言。

爱情想要充分发挥其美好的属性，就必须彻底自由、无私、无拘
无束又全心全意。

如果一个人在爱情中只想占有，爱情便失去了价值，和仅仅以金
钱为目标的工作并无二致。

社　会

现代社会的同质性

> 对世界各地的年轻人来说，什么是现代性，得由好莱坞说了算。

　　欧洲游客游览美国时——至少我自己认为如此——会发现两个怪现象：一、美国各地（旧南方除外）看起来都极其相似；二、各地都热衷于证明自己独一无二、有别于其他地方。当然，第二点正是由第一点引发的。每个地方都追求地方自豪感，因此会珍视任何地理、历史和传统上的独特之处。不同地区间的实际相似度越高，找寻能抗衡这种相似性的差异的愿望便越强烈。事实上，古老的南方与美国其他地区截然不同，以至于让人仿佛置身于另一个国度。南方代表着农业、贵族和怀旧；美国其他地方则代表着工业、民主和未来。当我说旧南方以外的美国代表着工业化时，我指的甚至包括了那些以农业为支柱产业的地区，因为美国农业经营者的思维也是工业化的。他们大量引进现代机器，十分依赖铁路和电话，同时非常清楚，自己的产品会被运往遥远的市场。事实上，他们是彻头彻尾的资本家，从事农业生产和投身其他行业对他们来说并无二致。美国人对欧洲和亚洲的农民一无所知，这对美国来说无疑是巨大的福音，或许也是它与旧大陆相比最重要的优势。我参观过西西里岛和加利福尼亚的橘园，二者之间至少差了两千年。西西里岛的橘园离火车和轮船都很远；那里的古树扭曲盘错、婀娜多姿；使用的是沿袭自古代的种植方法。那里的农民是古罗马奴隶和阿拉伯入侵者的混血儿后裔，依旧处在愚昧无知的半野蛮状态，总是凭借对动物的残忍，弥补其匮乏的耕种知识。道德低下加上缺乏经济头脑，却为这里赋予了一种原始的美感，令人不由得想到忒奥克里托斯[1]和关于赫斯珀里德斯花园[2]的神话。加利福尼亚的橘园可没有一丝赫斯珀里德斯花园的气质。这里的橘树几乎都一模一样，树与树之间的间隔恰到好处，每一棵都会被精心照料。当然，橘子的大小不可能完全相同，但精密的机器会将它们自动分类，确保最后被装进一个箱子的橘子大小相当。这些橘子会在恰当的时候被恰当的机

1　忒奥克里托斯（Theocritus），古希腊著名诗人，西方田园诗派的创始人。

2　赫斯珀里德斯花园，古希腊女神赫拉的神圣花园，因流淌着甘露的泉而闻名。

器加以恰当的处理，直到它们被装上恰当的冷藏车运往恰当的市场。机器会在每个橘子上打上"新奇士"[1]的标签，除此以外，没有任何迹象能表明大自然参与了这些水果的生产。甚至连橘园的气候都是人造的：酷寒季节，人们会通过人工喷雾来提高橘园的温度。从事这类农业生产的人，不像之前的农民那样，将自己看作大自然面前默默忍受的奴仆；相反，他们认为自己才是主人，能够让大自然屈从于自己的意志。因此，在美国，工业生产者和农业生产者之间的思维差异，远不如旧大陆那般明显。在美国，人类才是环境的重要组成部分，相比之下，非人类因素的影响早已微不足道。在南加利福尼亚，人们经常同我说，气候令这里的居民醉心于安逸度日，但我从未看到这一说法的依据。对我来说，这里的居民同明尼阿波利斯或者温尼伯的居民并无二致，虽然这些地区之间的气候、风景和自然条件大相径庭。看看挪威人和西西里人之间的差异，再看看（比如说）北达科他州和南加利福尼亚州居民之间的相似，你会意识到，人类事务已经发生了巨大变革，人类已经成了

---

1 新奇士的英文"Sunkist"有"被太阳亲吻"的意思，形容该品牌的柑橘经过充足的阳光照射，品质绝佳。

大自然的主人而非奴隶。挪威和西西里岛都拥有古老的传统。基督诞生前，他们的宗教信仰体现了人类对气候的反应；基督教传入这两个国家后，显然体现为两种截然不同的形式。挪威人害怕冰雪；西西里人害怕熔岩和地震。西西里人的地狱概念是依据南方的气候环境创造的；如果换作挪威，地狱肯定是酷寒之地。但无论是北达科他州还是南加利福尼亚州，地狱都同气候无关：对他们而言，金融市场紧缩才是地狱。气候在现代生活中早已无关紧要了。

美国是个人造国家，不仅如此，它还是人类用机器建造的国家。我指的不仅是外部环境，人的思维和情感也同样如此。以一桩耸人听闻的谋杀案为例：诚然，凶手的作案手法可能原始，但传播这一罪行的人一定利用了全部新兴的科技资源。不仅是大城市，草原上孤零零的农场和落基山脉附近的矿工村，都使用收音机接收最新消息。因此，全国上下，每个家庭每天谈论的话题，半数都一模一样。当我乘火车穿过平原，想要努力屏蔽掉扩音器里肥皂广告的烦扰时，一位老农笑容满面地朝我走来，说："现在可真是无论走到哪里，都摆脱不了文明啊。"唉！说得太对了！我分明只想专心阅读弗吉尼亚·伍尔芙的作品，可最后还是败给了广告。

如果说，物理仪器的同质化尚且无伤大雅，思想和观点上的高度一致就要危险多了。可惜，随着现代发明的进步，这一后果在所难免。比起分成若干个小生产单元，统一的大规模生产可以降低成本，这一模式既适用于生产别针，也适用于制造舆论。当今社会，舆论主要来自学校、教会、报刊、电影和广播。随着对教学设备依赖度的提高，小学教育必将越来越趋于标准化。我想，不久的将来，电影和广播在学校教育中的作用会迅速提升。这意味着，教学内容将由某个中心统一制作，只要学校使用该中心提供的教程，其教学内容就会一模一样。据我所知，一些教会每周都会向文化程度较低的神职人员发送布道范文，而对后者来说，只要受人性一般规律的支配，他们定会为无须亲自撰写布道文而感激涕零。当然，这些布道范文都是当下的热门话题，目的是要在全国范围内唤起大众的某种特定情绪。报纸杂志更是如此，它们接收相同的电报消息，并将其大规模刊登在各种媒体上。我发现，除了少数一流的报纸，从纽约到旧金山，从缅因到得克萨斯，关于我作品的书评在措辞上都并无二致，唯一的变化就是，从东北到西南，评论的篇幅会越来越短。

　　现代世界，促成趋同的最强大力量或许当数电影，因为电影的影响不仅局限于美国，还渗透到了世界各地。从广义上讲，电影代表了好莱坞对中西部人喜好的回应。我们对爱情和婚姻、出生和死亡的态度，都在好莱坞的影响下越来越趋于标准化。对世界各地的年轻人来说，什么是现代性，得由好莱坞说了算。它既展示了有钱人的快乐，又展示了成为有钱人的方法。我想，不久以后，有声电影会让全世界使用一种通用语言，即好莱坞的语言。

美国的同质性不仅存在于相对愚昧的人群，也影响着文化圈，只是程度稍显轻微而已。我走访了美国各地的书店，发现最显眼的位置都摆放着相同的畅销书，因此可以大致得出结论，美国的知识女性每年会买十几本书，而且是相同的十几本书。对作者来说，如果他的书有幸成为这十几分之一，那一定是相当令人满意的。欧洲显然不是这样，那里卖出的书种类更多，但每一种的销量相对较小，而非少数几本书占据大部分市场。

我们不能将趋同性说成非好即坏，它的优缺点都非常明显：其最主要的优点无疑是能够令大众和平协作，最主要的缺点则是，大众会变得倾向于迫害小众群体。不过，这一缺点或许只是暂时的，可能过不了多久，小众群体便不复存在了。当然，如何实现同质性尤为关键。以学校对待意大利南部移民的教化为例。纵观历史，意大利南部人一向以谋杀、行贿和审美情感著称。美国公立学校有效地磨灭了最后一个特征，并由此将这些意大利移民同化成了美国本地人，但对于另外两个显著特征的同化，我认为学校并未取得瞩目的成功。这说明，实现同质性存在一个风险：好的品质比坏的更易摧毁，因此实现同化最简单的方法就是降低一切标准。当然，像美国这样拥有大量外来移民的国家，必须要通过学校教育同化移民家庭的子女，因此，一定程度的美国化不可避免。只可惜，不幸的是，很大一部分同化过程，是通过明目张胆的民族主义来实现的。美国已经是地球上最强大的国家，且其优势还在不断扩大，这一事实自然会引发欧洲的恐惧。这时，任何关于激进民族主义的暗示只会加剧这种恐惧。或许，美国应向欧洲灌输正确的政治意识，但那样恐怕学生压根儿就听不进去。

在我看来，美国的同质化趋势引发了一种错误的民主观。在美国，一个普遍的认知是，民主要求所有人一样，即，一个人若有任何与众不同之处，他就是在"树立"自己比别人优越的形象。法国虽然和美国一样，也是民主国家，但就不存在这种观念。在法国，医生、律师、牧师和公职人员都属于不同群体，每种职业都有独特的传统和标准，这并非要树立相较于其他职业的优越感。在美国，各行各业的人士都被同化成了商人的模样，就像要求管弦乐团只能由小提琴手组成一样。人们似乎没有充分认识到，社会本是一种模型或者说有机体，不同器官会发挥各自独特的作用。想象眼睛和耳朵为看和听哪个更重要争论不休，最后决定，既然谁也不能同时兼具两种功能，那索性都罢工算了。在我看来，这就是美国人理解的民主。对任何不能普遍拥有的优秀品质，人们都怀有奇怪的嫉妒心，除了体育运动——竞技明星依然会收获热情洋溢的赞美。看来，相较于头脑，美国大众对肌肉更容易产生谦卑之情，或许这是因为，他们对肌肉的崇拜远比对头脑的崇拜更为深刻和真诚。美国的科普读物泛滥成灾，部分原因（当然不是全部）就是人们不愿承认，一些科学知识只有专家才能明白。只有接受过专业教育才能理解相对论这样的知识，这种观点令大众恼火；但只有接受过专业训练才能成为一流足球运动员的事实，却不会惹恼任何人。

美国或许比其他任何国家都更推崇出人头地，但对年轻人来说，通往某些领域的成功之路却困难重重，因为只要当事人尚未被贴上"优秀"的标签，任何古怪或是会被扣上"自我标榜"帽子的行为都不被容忍。其结果便是，许多受人敬仰的成熟人才很难在本国产生，只能从欧洲引进。这一事实同标准化和同质性息息相关。只要社会认为每个人的成长都应符合成功的管理人士创建的单一模式，那任何出众的特长，特别是艺术领域的天赋，都必将在年轻时遭遇重创。

标准化虽然不利于培养杰出人才，却可能提升普通民众的幸福感，因为他们可以大胆地发表意见，并确信会得到听众的认同。此外，标准化还能促进民族凝聚力，相较于多元化的国家，这里的政治会少一些愤恨和暴力。我不认为有什么办法能在这一得失之间取得平衡，但我相信，随着世界愈加朝着机械化的方向发展，美国目前这种标准化模式大概率会蔓延至欧洲各国。因此，在这一点上不认同美国的欧洲人，要明白他们也是在挑自己祖国未来的刺，且是在同文明进程中无法避免的大趋势为敌。毫无疑问，国与国之间的差异消亡时，国际主义精神将更容易实现，而一旦国际主义精神取得胜利，社会凝聚力就会成为维护内部和平的重要因素。不可否认，真如这般也存在一定风险，比如产生类似罗马帝国晚期的停滞状态，但我们可以利用现代科技的革新力量与之抗衡。除非人类出现大规模的智力倒退，否则，作为现代世界的新特征，科技力量不可能让社会静止不前，因此可以杜绝过去让庞大的帝国垮台的停滞。以史为鉴来分析当下和未来是危险的，因为科技力量已经彻底变革了世界。因此，对于尚未习惯这一趋势的人来说，无论标准化怎样冒犯到了他们的品位，我都认为没有理由对此过于悲观。

美国是个人造国家，不仅如此，它还是人类用机器建造的国家。我指的不仅是外部环境，人的思维和情感也同样如此。

如果说，物理仪器的同质化尚且无伤大雅，思想和观点上的高度一致就要危险多了。可惜，随着现代发明的进步，这一后果在所难免。

我们对爱情和婚姻、出生和死亡的态度，都在好莱坞的影响下越来越趋于标准化。对世界各地的年轻人来说，什么是现代性，得由好莱坞说了算。

我们不能将趋同性说成非好即坏，它的优缺点都非常明显：其最主要的优点无疑是能够令大众和平协作，最主要的缺点则是，大众会变得倾向于迫害小众群体。

只要社会认为每个人的成长都应符合成功的管理人士创建的单一模式，那任何出众的特长，特别是艺术领域的天赋，都必将在年轻时遭遇重创。

建筑与社会问题

只要对利润的渴望还在掌控经济活动，孩子的身心健康和妻子的神经就必将继续深受其害。

建筑自古以来便存在两个目的：其一，从纯功利的角度看，它能为人类提供温暖和庇护；其二，从政治的角度看，它可以通过石材构建的辉煌外观强化人们的某种观念。对于穷人的住所，前一个作用便已足够；但诸神的庙宇和国王的宫殿，设计时便要考虑如何激发民众的敬畏心，无论是对上天的力量还是诸神在人间的宠儿。在极少数情况下，建筑的目的并非颂扬个别君主，而是某个群体：雅典卫城和古罗马主神殿便是要通过展示两座尊贵城市的帝王尊严，教化臣民和盟友。无论是公共建筑，还是之后权贵和帝王的宫殿，设计时都会追求美学价值；但对农民的茅舍或城市无产阶级随时会散架的住房来说，显然不必考虑这么多。

进入中世纪，虽然社会结构更复杂，建筑设计的艺术动机却同样受限，甚至程度更深。毕竟，伟大领袖的城堡主要是为了军事防御，如有美感也是出于偶然。中世纪最杰出的建筑并非来自封建王朝，而是源于教会和商业的贡献。大教堂展示了上帝和主教的荣耀；英国同低地国家间的羊毛贸易，引得英格兰国王和勃艮第公爵都亲自参与，佛兰德斯壮观的布料展厅和市政建筑无一不在彰显这一辉煌，对此英国不少集市也有体现，只是没有前者那般富丽堂皇。但要说是谁将商业建筑推向完美，那当之无愧要数现代财阀发源地意大利。"海的新娘"威尼斯，这座让十字军改变路线、让基督教世界的君主惊叹不已的城市，凭借总督的宫殿和商业巨擘的豪宅，创造了新型的庄严之美。不同于北方的乡下男爵，威尼斯和热那亚这两座城市的豪门不需要孤单和防御，他们更愿意毗邻而居。对走马观花的游客来说，这两座富豪打造的城市，一切都那么华丽壮观、美轮美奂。特别是威尼斯，隐藏肮脏很容易：贫民窟都藏在偏僻的小巷，乘坐贡多拉的游客永远都看不到。之后的富豪阶层再没有取得过如此彻底又完美的辉煌。

中世纪的教会不仅修建大教堂，还修建了一些同现代生活更为密切的建筑：修道院、僧院、女修道院和大学。

这些建筑以一定程度的共产原则为基础，旨在为人们提供和睦的社会生活。在这些建筑中，属于个人的空间往往简单质朴，属于公众的则华丽敞亮。一间光秃秃的毛坯房已足够满足修道士的低调生活，教会的自豪感往往体现在宏伟壮观的礼堂、祈祷室和食堂中。在英国，现存的僧院和修道院大都作为古迹供游客参观，但牛津和剑桥大学的学院却依然是国民生活的一部分，且保留了中世纪的社群生活之美。

文艺复兴的风潮传到北方地区后，法国和英格兰的粗俗男爵们也开始效仿意大利有钱人的精致生活。各国君主纷纷同美第奇的女儿们联姻，与此同时，阿尔卑斯以北的诗人、画家和建筑师也开始模仿佛罗伦萨风格。贵族阶层用缺少防御性的乡间别墅代替了城堡，以此彰显一种全新的安全感，象征着典雅和文明的高贵。但法国大革命摧毁了这种安全感，于是这一传统的建筑风格也随之失去了往日的活力，只在旧王权存在的地方才有机会存活，比如拿破仑对卢浮宫的增建；但增建的部分有种过分修饰的庸俗感，反倒暴露了他的不安。他似乎在努力忘掉母亲用磕磕绊绊的法语不停重复的那句话："但愿这一切能够长久。"

19 世纪，在机器生产和民主个人主义的影响下，相应产生了两种典型的建筑形式：一是带烟囱的工厂，二是工人阶级家庭居住的一排排小房子。工厂代表了工业制度下的经济组织，小房子代表了社交独立的个人主义理想。地租昂贵的区域往往会兴建大型建筑，但它们只是通过建筑形式而非社交属性将人们聚在一起。这些通常都是办公楼、公寓和酒店，使用者不会像修道院的僧侣那样组成社区，而是要尽可能地对彼此的存在保持一无所知。与此同时，在英国，地租相对便宜的地方，一户一房的原则得到了充分贯彻。乘火车去伦敦或北方任何一个大城市，必然会经过两边挤满小房子的无穷无尽的街道，每间小屋都是个人生活的中心，公共生活则根据当地情况，由办公室、工厂或矿井组成。至于家庭生活之外的社交生活，如果真有建筑提供这种功能，那也完全是经济相关的。非经济相关的社交活动要么在自家完成，要么就不开展。如果一个时代的社会理想可以根据建筑的美学价值来评判，那过去一百年无疑是人类迄今为止理想的最低点。

工厂和一排排小房子同时兴起，反映了现代生活中一个奇怪的不协调。虽然生产过程越来越多地依赖大规模群体，人们对政治和经济生活之外一切问题的整体看法，却都越来越倾向个人化。在艺术和文化方面，对自我表达的崇拜让人们以一种无政府主义的态度抵制各种传统和习俗；不仅如此，或许是过度拥挤引发的反作用，普通男子特别是普通妇女的日常生活，也越发个人主义。工厂里势必有社会生活，于是有了工会；可回到家中，每个家庭却只想与世隔绝。"我只想把自己**还给**自己。"女人们说。丈夫自然也乐于想象，妻子坐在家中等待一家之主下班。这种想法令妻子们能够忍受甚至愿意要一套独立的小房子和独立的小厨房，一个人承担枯燥繁重的家务活儿，并在孩子们不上学时独自照看他们。家务繁重、生活单调，这些妇女们几乎是被困在家中的囚犯。可即便如此，即便她们为此神经紧张，她们依旧不愿过集体生活，因为独处能满足她们的自尊心。

对这一建筑形式的青睐同女性的地位息息相关。尽管女权主义者一直在努力，尽管女性也拥有了投票权，但在工薪阶层的家庭中，妻子的地位较之过去并未发生实质性改变。一方面，妻子依然要依赖丈夫的收入生活，家务繁忙并不会赚到工资。作为全职家庭主妇，她们希望能有个房子打理。大多数人都希望有机会发挥个人主动性，对于她们来说，这种愿望只能在操劳家务中得到满足。另一方面，丈夫也享受妻子**为他**操劳，且在经济上依赖于他。自己的妻子，自己的房子，这无疑满足了男人对财产本能的占有欲，其他建筑形式恐怕难以产生这种效果。就算二人有时也渴望社交生活，但彼此之间的占有欲又让他们感到欣慰，毕竟对方也没有机会接触到潜在的异性竞争对手。因此，虽然住得局促，虽然女人要毫无必要地终日辛劳，双方却都不期待其他类型的社会生存模式。

如果已婚女性走出家门在外赚钱成为一种普遍现象而非少数个例，这一切就会随之改变。在大城市，职业人群中已经有了相当数量独立工作谋生的已婚女性，这就需要城市为她们提供相应的生活便利。这类女性需要提供勤杂服务的公寓和共享厨房，以减轻她们的膳食需求；需要托儿所，以便上班时间孩子有人照看。按照过去的传统，已婚女性定会为不得不外出赚钱伤心难过，因为结束了一天的工作后，回到家里还要应付全职主妇要操心的家务活儿，这样一来，她们的劳动无疑会严重地超出负荷。可如果建筑形式得当，这些女性完全可以摆脱绝大部分家务以及照看孩子的任务，这对她们自己、她们的丈夫还有孩子都好。在这种情况下，选择职业工作而非传统的妻子和母亲的双重身份，必将受益无穷。如果那些传统家庭主妇的丈夫们愿意花一周时间去体验妻子的角色，他们一定愿意支持上述的选择。

因为是无偿劳动，家庭主妇的工作从未被现代化。但事实上，她们的一大部分工作毫无必要，而余下的任务中，多半也应由不同行业的专业人士分担。实现这一点，当务之急便是改革建筑形式，发挥其与中世纪修道院相同的社区优势，同时确保其中的居民无须过僧侣般的独身生活。换句话说，这里的供给必须能满足孩子的需求。

我们不妨先思考一下，工薪阶层的住房各自独立有何不必要的弊端，无论是独门独户的房子，还是公寓楼的一套房间。

其中最大的弊端当数对孩子的影响。尚未到入学年龄的儿童，接触不到足够的阳光和新鲜的空气；伙食都由那位贫穷、无知且忙碌的母亲操劳，后者根本无力为成人和孩子准备不同的饭菜；母亲做饭干家务时，他们经常添乱，总是惹得母亲暴跳如雷，然后被她狠狠地教训，当然教训和宠溺有时会交替出现。他们没有一个自由的空间或环境，令他们天性使然的行为不妨碍到别人。以上所有因素叠加起来，孩子会易患佝偻病，神经敏感且闷闷不乐。

对母亲的不良影响也不容小觑。她必须同时担负起保姆、厨子和女佣的工作，可她此前从未受过任何这方面的培训，于是几乎不可避免地做得一塌糊涂。她总是疲惫，孩子成了麻烦而非快乐的源泉。丈夫在下班后便可以享受闲暇，而她却永远都没有休息时间。最后，她不可避免地会变得暴躁易怒、心胸狭隘、嫉妒成性。

建筑结构对男人的不良影响相对较少，毕竟他待在家里的时间少。不过，在家的时候，他肯定不会喜欢妻子满腹唠叨，孩子"到处捣乱"。他本该责备建筑结构，但实际上却很可能指责妻子，由此引发的不愉快后果视其粗暴程度而异。

当然，我不是说这种情况放之四海而皆准，但可以说的是，如果以上情形都没有发生，那只能说明这位母亲的自律、智慧和体力超越常人。显然，要求人们拥有罕见品格的制度，只在罕见情况下才能成功。我们不能因为个别情况没出现问题，就否认这一现状的危害性。

想要同时解决以上全部问题，只需将集体元素引入建筑。拆除独立的小房子及每户都配有厨房的公寓楼，取而代之建造一批高楼，中央区域留出一片四方形空地，南面的建筑要低一些，以便阳光射入。整个区域配有公共厨房、宽敞的餐厅，还要有用于娱乐、集会和电影放映的礼堂。中央区域应建一所托儿所，设计时要确保孩子不会轻易弄伤自己或碰坏易碎品：不要台阶和明火，火炉要放在孩子的接触范围外，盘子、杯子和碟子应由耐摔材质制成。总之，尽可能避免使用那些需要对孩子说"别碰"的东西。如果天气好，托儿所的活动应安排在室外；如果天气不理想，也应让孩子在一侧空气流通的房间活动，除非遭遇极端恶劣的天气。孩子的一日三餐应在托儿所解决，这样便能以优惠的价格，吃到比母亲提供的更健康的饮食。断奶后到正式上学前，从早餐开始到用完一天中的最后一餐，孩子都应待在托儿所，这样才会有机会自由玩耍，但托儿所也要提供最低限度的监管，确保孩子的人身安全。

这一改革必将令孩子受益匪浅。空气、阳光、空间和合理的饮食会令他们成长得更健康；性格方面，逃离家长们一天到晚的呵斥（这在刚起步的工薪阶层家庭很难避免），孩子会从自由自在的玩耍中获益。对小孩子来说，只有在专门建造的环境中，自由活动才安全。托儿所便是可以放任他们活动的场所，必将令他们的冒险精神和体格得到自然发展，就像小动物一样。从小禁止小孩子活动会让他们长大后心怀不满、胆小怕事，但如果一直同成人住在一起，这种情况便不可避免。因此，托儿所除了有益于培养孩子健康的身体，也对孩子的性格培养大有裨益。

女性将同样受益良多。孩子断奶后，白天便可以托付给在照顾孩子上受过专业训练的女性。这样，她们就可以从采购食物、洗衣做饭中解脱出来。和丈夫一样，她们早上出门上班，晚上下班回家；同样，和丈夫一样，她们有时工作，有时休息，而不必一直忙个不停。她们只在清早和晚上接触孩子，这种相处的时间足以培养感情，又不至于被烦到神经衰弱。一天到晚同孩子共处一室，母亲很难再有多余的精力陪他们玩耍，因此，通常父亲陪孩子玩的时间比母亲多得多。即便再爱孩子，如果他们一刻不停、吵吵嚷嚷地寻求关注，大人们也会心烦。可如果分开一天后晚上再相聚，无论是母亲还是孩子，一定都会比一天到晚待在一起更亲近。孩子这时在体力上已经累了，但情绪稳定，在被托儿所的员工一视同仁地管教了一天之后，母亲的关注会令他们格外开心。家庭生活中美好的部分被保留了下来，而令人烦心和破坏感情的因素则烟消云散。

无论男女，他们都可以逃离肮脏狭小的环境，享受宽敞的公共空间，后者的建筑设计甚至可以媲美大学的礼堂。美和空间不必一定是富人阶层的特权。囚禁在狭小空间中的郁闷以及由此引发的家庭矛盾必将不复存在。

所有这些，都是建筑改革的结果。

一百多年前，罗伯特·欧文[1]"共享四合院"的主张遭到了众人的嘲笑，可那明明就是在为工薪阶层争取集体生活的利益。虽然这一主张在那个异常贫困的年代不够成熟，其中的不少观点放在今天却已接近可行，值得尝试了。他本人在新拉纳克曾基于这一颇有远见的原则创办了一所托儿所。可惜，他被新拉纳克的特殊情况误导，将自己的"四合院"定位为生产单位，而非单纯的居住场所。工业主义从一开始便倾向于过分强调生产，却很少关注消费和日常生活。这是利润至上的结果，毕竟利润只同生产有关。这就导致工厂越来越科学化，劳动分工更是被细分到极致，但家庭生活却始终未能科学化，各种家庭任务都堆到了早已身心疲惫的母亲身上。这是利润主导一切的自然结果，最混乱、最无组织、最令人不满的人类活动，往往都发生在赚不到钱的机构中。

　　然而，必须承认，我所建议的建筑改革的最大障碍，恰恰来自工薪阶层自身的心理。无论两口子如何吵架，大家还是喜欢"家"的私密性，因为"家"让他们的自尊心和占有欲得到了满足。独身的公共生活不存在这种问题，

1　罗伯特·欧文（Robert Owen），威尔士空想社会主义者，也是一位企业家。

比如修道院的僧人。守护隐私的本能源自婚姻和家庭。不过，我不认为自己做饭，除了偶尔能使用煤气灶以外，对满足这种本能是必要的。我相信，对于习惯拥有自己住房的人而言，一套能安置家具的私人公寓已然足够，但改变个人习惯总是异常艰难。不过，女性对独立的渴望，或许会让外出工作的女性越来越多，她们可能会认同我们正在讨论的这种生活方式。目前，在工薪阶层家庭的女性身上，女权主义仍处于发展初期，但除非法西斯主义抬头，否则大概率它的影响力会越来越大。或许未来，女权主义会令她们更支持公共厨房和托儿所。期待改革的渴望不会来自男性。那些在外挣钱的男人，即便他们是社会主义或共产主义者，也很少会察觉到改善妻子社会地位的必要性。

当失业仍是危害社会的严重因素之一，当民众普遍不理解经济运行的原理时，社会自然会反对已婚妇女就业，就好像她们抢走了原本有工作的男人的饭碗。这样一来，已婚女性的困境就同失业问题绑在了一起，没有相当程度的社会主义恐怕难以解决。而且，无论如何，我推崇的"共享四合院"想要大规模成为现实，也要依靠大规模社会主义运动的推动，单纯的利润动机是发挥不了作用的。只要对利润的渴望还在掌控经济活动，孩子的身心健康和妻子的神经就必将继续深受其害。有些事情可以靠利润动机实现，有些则不能；而不能实现的事情，就包括了工薪阶层妻子和子女的福祉，以及——说起来这一点可能更乌托邦——让郊区变美。虽然很多人觉得，就像三月的大风和十一月的大雾，郊区的丑陋是理所当然的，但事实上这同样并非不可避免。如果郊区的设施由市政而非私人企业建造，有规划好的道路和大学院落一样的住房，那它就没有任何理由不成为赏心悦目的风景。丑陋，就像烦恼和贫穷，是我们被私人利益奴役所必须付出的一部分代价。

工厂和一排排小房子同时兴起，反映了现代生活中一个奇怪的不协调。虽然生产过程越来越多地依赖大规模群体，人们对政治和经济生活之外一切问题的整体看法，却都越来越倾向于个人化。

因为是无偿劳动，家庭主妇的工作从未被现代化。但事实上，她们的一大部分工作毫无必要，而余下的任务中，多半也应由不同行业的专业人士分担。实现这一点，当务之急便是改革建筑形式，发挥其与中世纪修道院相同的社区优势，同时确保其中的居民无须过僧侣般的独身生活。

工业主义从一开始便倾向于过分强调生产，却很少关注消费和日常生活。这是利润至上的结果，毕竟利润只同生产有关。这就导致工厂越来越科学化，劳动分工更是被细分到极致，但家庭生活却始终未能科学化，各种家庭任务都堆到了早已身心疲惫的母亲身上。

只要对利润的渴望还在掌控经济活动，孩子的身心健康和妻子的神经就必将继续深受其害。有些事情可以靠利润动机实现，有些则不能；而不能实现的事情，就包括了工薪阶层妻子和子女的福祉，以及——说起来这一点可能更乌托邦——让郊区变美。

现代迈达斯

迷信和神秘对经济大权在握的人帮助巨大。

儿时读过霍桑《探戈林故事》的人，一定都熟悉迈达斯王与点金术的故事。这位有名的国王狂热地迷恋黄金，于是神便赋予了他一种特殊技能，凡他触摸的东西都会变成黄金。最初他欣喜若狂，但当他发现想吃的食物尚未下肚就变成坚硬的金属时，他开始犯愁了；而等到他亲吻女儿，将她变成僵硬的雕像时，他彻底崩溃，乞求神收回恩赐。从那一刻起，他明白了，原来黄金并非唯一有价值的东西。

故事很简单，但理解其寓意对世人来说却并不容易。16世纪，西班牙人在秘鲁攫取黄金时，为了能将黄金牢牢攥在手中，他们设置各种限制，让出口这一贵金属变得困难重重，最后只是让西班牙领地的黄金价格上涨，在实际货物方面却没有令西班牙更为富有。如果一个人手上的钱是之前的两倍，他的自尊心或许会得到满足，但如果一个达布隆金币只能购买此前一半的东西，这种增收便纯属虚无了，因为他并未拥有更丰富的饮食、更舒适的居住条件或任何实际的好处。英国和荷兰实力不如西班牙，只能满足于控制现在被称作美国东部的地区。那里没有黄金，所以当时并不被重视。可是，作为财富的来源，那里产生的实际效益却远超新世界的黄金产区。但在伊丽莎白时代，各国只会对黄金趋之若鹜。

虽说作为历史事件，这些道理已是老生常谈，但解决当今世界类似的问题时，各国政府似乎还是无法进行理性思考。政府一接触经济问题，想法就会颠三倒四，这种情况比以往更为严重。在这一点上，大战结束时发生的事情是如此荒唐，简直让人怀疑那帮政府官员都是疯人院跑出来的疯子。他们要惩罚德国，而惩罚的传统做法便是索要赔偿，于是他们要求了一笔赔偿金，这听起来似乎未尝不可。问题是，他们索要的数目，已经远远超过了德国乃至全世界拥有的黄金的总量。显然，德国人只能用实物进行赔付才符合数学逻辑：不赔付实物，他们别的也拿不出来。

走到这一步，各国政府突然想到，他们惯用出口总量超过进口来衡量国家的经济繁荣程度。当一个国家的出口额超过进口时，我们称之为贸易顺差，反之便是逆差。如今，要求德国赔付的金额已远超其黄金储备，各国政府认为，将来德国同协约国的贸易，一定是德国顺差，协约国逆差。他们顿时惊恐万分，没想到自己竟然在无意中刺激了德国的出口，让德国获取了他们眼中的利益。这一总体观点下，还有一些具体的论证。德国生产的东西，协约国也能生产，德国的竞争威胁无论在哪儿都令人反感。英国人不愿要德国的煤，毕竟他们自己的煤矿工业都不景气；法国人不想要德国的钢铁，因为他们正利用新获得的洛林矿砂来增加自己的钢铁产量，如此种种。就这样，协约国一方面坚定地要通过赔款让德国付出代价，另一方面又坚定地不许其用某种特定的方式进行赔付。

最后，各国政府为这一荒谬的困境找到了一种荒谬的解决办法：将德国必须支付的赔偿金先借给它。协约国实际上是这么说的："一方面，我们不能免除你的赔偿，因为这是对你所犯罪行的公正惩罚；另一方面，我们又不能让你赔付，否则会摧毁我们自己的工业。所以，我们先借钱给你，你将来再偿还。这样我们既维护了原则，又让自己免受损害。至于对你的惩罚，我们希望只是被推迟了而已。"

显而易见，这种解决方案只能解一时之忧。借钱给德国需要收回利息，于是支付利息便碰到了同此前支付赔偿一样的困境。德国无力用黄金支付利息，协约国又不同意他们用实物结算，最后便不得不借给德国支付利息的钱。毫无疑问，人们迟早会厌倦这种把戏。当人们厌倦了借钱给政府却一无所获时，政府的信誉就可想而知了。事已至此，人们开始索要应得的实际赔付，但正如我们了解到的，这对德国来说根本不可能。于是，破产潮开始了，最先在德国，之后蔓延到破产德国人的债主，再之后是债主的债主，以此类推，最终造成了大面积的萧条、苦难、饥饿、毁灭，以及世界不得不因此遭受的一系列灾难。

我并不是说德国的赔偿问题是造成诸多灾难的唯一原因。协约国欠美国的债，以及所有私人和公共领域的债务都多少促成了困境，只是影响相对较小而已。债务人和债权人被高高的关税壁垒隔开，很难再用实物进行偿付。德国的赔偿金问题虽然不是引发灾难的全部原因，却是当权者思想混乱最清晰的证明之一，这种思想混乱让他们在面对此类困境时束手无策。

造成不幸的思想混乱，其实是消费者和生产者立场的混乱，更确切地说，是消费者同竞争制度下的生产者的立场的混乱。最初要求德国赔偿时，协约国认为自己是消费者：他们希望德国人以短期奴隶的身份为他们工作，这样便可以不劳而获地消费德国人生产出来的东西，这无疑是美事一桩。可《凡尔赛条约》签署后，他们又突然意识到，自己其实也是生产者，一旦向德国索要的赔付商品大量涌入，无疑会摧毁本国的工业。他们想不明白，开始抓耳挠腮，可即便以国际会议的名义聚在一起谋划，最终也无济于事。显而易见的是，世上的统治阶级着实愚昧无知，他们自己想不清楚，又自负得不愿向有可能帮助到他们的人虚心求教。

为了将以上问题简单化，让我们将协约国想成一个人，比如独自生活在孤岛上的鲁滨孙。根据《凡尔赛条约》，德国人有义务为其无偿提供所有的生活所需。如果按照这些大国的处理方式，鲁滨孙就会说："不，不要给我煤炭，否则你会毁掉我的拾柴产业；不要给我面包，那会毁掉我的农业，还有我那些简陋却精巧的研磨工具；不要给我衣服，因为我已经有了兽皮制衣的初创产业。我倒不介意你给我黄金，毕竟那不会对我造成任何损害。我会将它们藏进山洞，不管发生什么都绝不用掉。无论如何，我不会接受任何对我有实际作用的赔偿物。"假如这个虚构的鲁滨孙说出这样的话，我们一定会认为孤独令他发了疯，可那些强国就是这么对待德国的。当国家而非个人精神病发作时，人们却会误以为它的做法是对工业深刻理解后凝练的智慧。

鲁滨孙和一个国家唯一相关的区别是，鲁滨孙合理地安排了他的时间，但一个国家则不然。如果一个人能免费得到衣服，他自然不会再花费时间去做衣服。但在国家看来，他们就该自己生产一切所需，除非遇到诸如气候之类的天然阻碍。国家假如有理智，便会利用国际协议安排好各国应当生产的东西，而非试图生产连个人都不会去生产的一切。没有人会想着要自己生产衣服、鞋子、食物、房子等，因为他清楚，一旦这么做，就不得不满足于舒适度极低的生活。但国家不懂分工协作，他们如果理解，便会让德国赔偿某些类别的商品，而他们自己就不用再生产了。与此同时，政府可以花钱让从这些商品生产线上退下来的民众去学习新手艺。做到这一点需要有组织的生产，而这恰恰同传统的商业理念相悖。

对黄金的迷信根深蒂固得匪夷所思。这种迷信不仅存在于从黄金中获利的人身上，甚至也存在于因黄金而遭遇不幸的人身上。1931年秋，法国迫使英国放弃金本位制时，他们认为这是在损害英国的利益，而英国在很大程度上也如此认为，于是全国上下都弥漫着一种类似国耻的羞

131

辱感。可当时最优秀的经济学家都赞成放弃金本位制，后来的情形也证明了他们的正确。无奈当时掌控银行业的人过于无知，以至于英国政府在逼迫之下才做出符合本国利益的选择。正是法国的不友好，才让英国获得了计划外的利益。

在一切号称有用的职业中，最荒谬的当数黄金开采。人们在南非挖出黄金，在无数防盗窃、防意外措施的保护下，将它们运往伦敦、巴黎或纽约，最后存放在银行的地下金库，简直还不如直接留在南非地下。银行储备金之所以有价值，在于某些情况下可能会用到它，可一旦政策规定储备金不能低于某一金额，这部分金额就等同于不复存在。如果我说要留出一百英镑以备不时之需，我或许是个理智的人；但如果我又说，无论多穷都绝不会花掉这一百英镑，那它就不再是我财富的有效组成部分，和直接丢掉并无区别。这正是银行储备金的处境，如果在任何情况下都不能动用这笔钱的话。当然，国家信用的各个方面仍以黄金储量为基础，但这只不过是曾经的野蛮状态的残余。一国之内的私人交易已经不再使用黄金了。战前或许它还会被用于小额交易，但战后成长起来的这批人，早已都不知道金币的模样了。可即便如此，因为一些说不清道不明的鬼话，人们依旧认为，财政稳定取决于本国中央银行的黄金储量。大战期间，潜水艇的出现令黄金运输变得危险重重，但关于黄金的神话却愈演愈烈。在南非开采出来的黄金，有人说被运到了美国，有人说被运到了英法，如此种种，可事实上，那些黄金仍在南非。那何不让神话再夸张一点，索性让黄金静静地躺在地下，再对外宣称已经开采出来了？

从理论上讲，黄金的优势在于，在政府缺乏诚信时提供一定的保障。如果有办法迫使政府在遭遇危机时坚持金本位制，一切倒可以好转起来，但事实上，只要对他们有利，政府便会立即放弃黄金。所有在后期参与大战的欧洲国家都主动令货币贬值，以此抵销政府的部分债务。德国和奥地利利用通货膨胀，免除了政府的全部内债。法国通过将法郎贬值至原价值的五分之一，消除了五分之四以法郎计算的政府债务。英镑的价值只有此前对应黄金价值的四分之三。俄国人则坦诚地表示不会偿还债务，并因此被视为无赖：体面的逃债需要遵循一定的礼仪。

事实是，政府同个人一样，符合自身利益时便偿还债务，否则就尽力逃避。单纯的法律保障，比如金本位制，在危机出现时毫无用处，在其他时期又毫无必要。对个人来说，如果想继续借钱，又有能力借到钱，展现出诚信无疑对其有利；可如果信誉早已透支殆尽，那他或许会认为卷款而逃才是上策。政府对待国民的态度，往往同它处理国际关系时截然不同。国民可以肆意践踏，除非是想再次向民众筹钱，否则政府便没必要坚守诚信。对战后的德国而言，既然政府已不可能再向自己的民众借钱，那就不如让货币彻底贬值，将内债一笔勾销。不过外债就是另一回事了。当俄国人拒绝偿付其他国家的债务时，就等同于向整个文明世界宣战，还要忍受后者来势汹汹、充满敌意的宣传攻击。大多数国家无力应对这种情况，故在处理外债时会格外谨慎。正是这一点，而非金本位制，才是借钱给政府的安全保障。这种保障并不牢固，但在国际政府建立之前，也不可能变得更好。

人们常常意识不到经济交易对军事力量的依赖程度。商业技能固然是获取财富的因素之一，但只有当陆军或海军在其背后撑腰时，这种技能才能发挥作用。凭借武力，荷兰人从印第安人手中夺走了纽约，之后纽约又被英国人夺走，最后落入美国人之手。如果美国发现石油，那么石油自然属于美国人民；但如果石油产自其他实力较弱的国家，其所有权最终只会落到某个强国手中，无论是以何种方式。这个过程经常充满伪装，但背后一定隐藏着战争的威胁，而这种潜在的威胁才是赢得谈判的保障。

石油的情况同样适用于货币和债务。如果政府认为贬值货币或躲避债务于己有利，它就会这么做。诚然，有些国家会大肆宣扬偿还债务的道德因素，但这么做只是因为它们是债权国。就算债务国听从了它们的倡议，那也只是因为后者的实力，而非其道德说教有多么令人信服。如此说来，确保货币稳定的办法只有一个，那就是建立——即便不是形式上的，也一定是事实存在的——独立的世界政府，拥有唯一有效的军事力量。它期望保持货币稳定，会发行锚定商品均价、有稳定购买力的货币。唯有此法才能做到真正的稳定。黄金不具备这种能力，更何况危机时期主权国家根本不坚持金本位制。因此，无论从何种角度衡量，黄金保证货币稳定的观点都是荒谬的。

一些自认为是坚定的现实主义者的人，曾不止一次对我说，生意人的唯一目标就是发财。但我通过观察坚信，得出如此结论的人不仅不是现实主义者，还是情绪化的理想主义者，对他们生活的这个世界赤裸裸的事实完全视而不见。如果相较于想方设法地让他人贫困，商人更热衷于自己发财，那么世界很快会变成天堂。银行业和货币体系便是极好的证明。很明显，保持货币稳定和信贷安全符合整个商业界的利益。为了满足这两点，无疑需要建立唯一一家中央银行，只发行一种货币，货币的形式只能是纸币，政府还应通过管理，令其平均价值尽可能保持稳定。这一货币体系不必以黄金储备为基础，而要以世界政府的信誉为基础，中央银行便是世界政府的金融机关。所有这些都简单明了，连小孩子都懂，可商人们却毫不积极。为什么？因为民族主义在作祟，即，比起自己富有，他们更希望外国人贫穷。

另一个原因是生产者心态。钱之所以有用，是因为它能买到商品，这一点虽说不言自明，却并未在人们的情感和理性上得到承认。几乎在每一笔交易中，卖方都比买方更沾沾自喜。如果你买了一双鞋，那你一定接受过各种营销技巧的洗礼，卖鞋的人会觉得自己打了一场小胜仗。与此同时，你肯定不会对自己说："花掉这些脏兮兮的纸币可太好了，反正它们既不能当饭吃也不能当衣穿，还不如换成一双漂亮的新鞋。"可见，同销售相比，我们认为购买不重要，除非碰到物资紧缺的情况。是的，买到绘画大师名作的人固然比卖画的人欢喜，可如果大师尚且在世，他本人从卖画中收获的快乐肯定远超买画的赞助人。这种偏爱卖出而非买进的终极心理根源，是因为我们热衷能力胜过享乐。这并非举世公认的真理：有些人就是喜欢铺张浪费，愿意在短暂的一生中尽情享乐。但对于精力充沛的成功人士来说，偏爱能力无疑是他们的特点，而他们才是这个竞争时代的基调奠定者。如果社会上的财富主要靠继承获得，生产者心态就不会像今天这么明显。在这种心态的推动下，人们迫切想要出售而非购买，政府也由此陷入一种滑稽的努力，即创建一个所有国家都能够只卖不买的世界。

还有一种因素会导致生产者心态复杂化，这也是经济关系同其他大多数关系的不同之处。如果你生产并销售某种商品，两类人对你特别重要：竞争对手和顾客。竞争对手会危及你的利益，顾客则令你受益。竞争对手一目了然且数量较少，顾客较为分散且大都不为你所知。因此，你更倾向于关注竞争对手而非顾客。在你自己所属的小圈子里或许还不至于如此，可一旦涉及外来群体，你必然会加倍介意，于是外来群体自然而然地被当作了我们经济利益的对立面。支持关税保护正是源自这一心态。外国被视为生产过程中的竞争对手而非潜在顾客，人们宁愿失去国外市场，也不愿接受来自外部的竞争。曾经，小镇上有个屠夫，因为气不过被其他屠夫抢走顾客，为了报复，他竟让全镇居民改为吃素，最后却震惊地发现，自己也成了受害者之一。这个屠夫的愚蠢听起来难以置信，但相比之下那些强国也好不到哪里去。政府只知道外贸令其他国家富裕，于是通过关税壁垒去破坏贸易，最后却惊讶地发现，伤害竞争对手的同时，自己也深受其害。所有人都忘了，贸易是互惠的，国外向我们出口产品时，其实也在直接或间接地进口我们的产品。意识不到这一点，是因为对他国的憎恨，令政府在处理外贸问题时，根本无法清晰地思考。

在英国，贫富冲突一直是战后政党分歧的根源，大多数工业家因此无法理解货币问题。由于金融代表着财富，富人们便倾向于追随银行家和金融家的脚步。事实上，银行家的利益同工业家是对立的：通货紧缩对银行家有利，却能令英国的工业瘫痪。假如工薪阶层没有投票权，战后英国的政治必定少不了金融家同工业家的激烈交锋，对此我毫不怀疑。可目前的情况是，金融家和工业家联合起来对抗工薪阶层，工业家支持金融家，于是整个国家被带到了崩溃的边缘，最后还是因为金融家被法国人打败，才勉强得以挽救。

不只是英国，这些年，在全球范围内，金融同普通民众的利益也是对立的。这种状况仅依靠自身恐怕难以改变。如果现代社会在处理金融问题时，考虑的只是金融家的利益，却从不考虑对广大民众的影响，这个社会便不可能繁荣富足。在这种情况下，允许金融家不受制约地追求个人利益，显然绝非明智之举。这就好比经营博物馆只是为了馆长的个人利益，还允许他在价格合适时自由出售馆内的藏品一样。在某些经济活动中，追逐私人利益从整体上看也能提升公共利益，而另一些活动却并非如此。金融业无疑属于后者，不管它在历史上曾发挥过什么作用。于是，政府对金融的干预就愈加重要。政府必须将金融业和工业当作一个整体进行考虑，将目标设定为整体利益最大化，而非只满足金融业的利益。二者各自独立时，金融业掌控的权力远超工业，但工业的利益却比金融业更接近社会整体利益。这便是世界被一手遮天的金融业带到如此困境的原因。

无论在哪里，一旦少数人获得了支配多数人的权力，他们便一定会得到能影响多数人的迷信的助力。古埃及祭司在发现了预测日食的方法后，依旧让民众深陷在对日食的恐惧中，只有这样，他们才能索取礼物和权力，否则便无从获得；国王被视为神圣的化身，因此，当克伦威尔砍下查理一世的头颅时，他便犯下了亵渎神灵的大罪。当今世界，金融家们依赖的，正是大众敬畏黄金的迷信。普通民众在听到黄金储备、纸币发行、通货膨胀、通货紧缩、通货再膨胀等行业术语时，总是惊叹得一塌糊涂。他们觉得，能对这些术语侃侃而谈的人一定都绝顶聪明，因此根本不敢质疑这些人说的任何东西。他们不知道黄金在现代交易中的真实作用早已微乎其微，尽管他们也说不出黄金到底有什么功能。他们只是隐隐约约地感觉，黄金储备越多，国家就越安全，因此听到黄金储备增加就会高兴，听到减少就会发愁。

普通民众的盲目敬仰正是金融家需要的，这样他们便可以逃避民主的约束。当然，在制造舆论方面，他们还有众多其他优势。凭借财大气粗，他们可以资助高校，确保学术界最具影响力的观点同他们一致；作为财阀的领袖，他们自然也领导着那些在政治观点上惧怕共产主义的人群；作为经济大权的把控者，他们可以随心所欲地决定国家的繁荣或衰落。不过，如果没有迷信的助攻，我怀疑单凭以上这些手段是否足够。一个值得注意的事实是，虽然经济学对每个人甚至孩子都相当重要，中小学却从不教授这门课程，甚至在大学也只向小部分人开放。不仅如此，这一小部分人所学的，也绝非离开政治危机背景的客观研究。只有极少数机构的教学能够不沾染财阀的偏见，但这样的机构凤毛麟角。在通常情况下，教授这门课程的目的就是美化当今的经济状况。我猜想，这一切应该都同这个事实有关，即迷信和神秘对经济大权在握的人帮助巨大。

同战争一样，金融也摆脱不了一种困境，即几乎所有拥有这一领域专业技能的人，都拥有同社会整体利益对立的偏见。每次召开裁军会议，海军和陆军专家都是会议取得成效的主要阻碍。并不是这些人品德败坏，但习惯性的执念使得他们无法从正确的角度看待军备问题。金融领域的情况亦如此。除了从现行制度中谋利的人，其他人对金融的细节都所知甚少，自然不可能形成客观公正的观点。想要纠正这一状况，就有必要让全世界的民主国家都意识到金融的正确性，并找到简化金融原理的方法，使其能被公众广泛理解。必须承认，落实这件事并不容易，但它绝非不可能实现。我们这个时代，现代社会的复杂性已成为民主制度成功的障碍，普通民众因此越来越难理性地看待政治问题，他们甚至不知道该尊敬哪位专家的判断。解决这一问题就要改善教育，找到比目前更容易让人理解的解释社会结构的方法。每个相信有效民主制度的公民都会赞成这一改革。

对黄金的迷信根深蒂固得匪夷所思。这种迷信不仅存在于从黄金中获利的人身上，甚至也存在于因黄金而遭遇不幸的人身上。

钱之所以有用，是因为它能买到商品，这一点虽说不言自明，却并未在人们的情感和理性上得到承认。几乎在每一笔交易中，卖方都比买方更沾沾自喜。

无论在哪里，一旦少数人获得了支配多数人的权力，他们便一定会得到能影响多数人的迷信的助力。

我们这个时代，现代社会的复杂性已成为民主制度成功的障碍，普通民众因此越来越难理性地看待政治问题，他们甚至不知道该尊敬哪位专家的判断。解决这一问题就要改善教育，找到比目前更容易让人理解的解释社会结构的方法。

法西斯主义的起源

▎ 只要非理性占据上风，人类的困境就只能靠偶然来解决。

将当今时代同（比如）乔治一世的时代相比较，我们便能看出人们在心智上的深刻变化，以及随之而来的政治基调的改变。从某种意义上说，两百年前的社会风貌可被称为"理性"，而我们这个时代则更应该被称为"反理性"。不过，我希望在使用这两个词时，并不包含对一种完全认同、对另一种彻底反对的暗示。不仅如此，我们还应当记住，政治事件经常会从之前的思想中获得指引：某种理论的出现同其引发的实际效果之间，通常会存在一定的时间间隔。支配着1860年英国政治的，是亚当·斯密于1776年提出的思想；今天的德国政治，实现的是费希特于1807年提出的理论；而俄国自1917年以来的政治，则体现了1848年问世的《共产党宣言》的信条。因此，想要理解当今社会，就有必要向之前的时代溯源。

一种政治学说能够广泛流传，通常有两个截然不同的原因：一是前期知识上的铺垫，而后期理论是通过对前期理论的发展或回应成长起来的；二是经济和政治环境的影响，令人们更倾向于接受符合当下某些情绪的观点。单独拎出后者无法形成完整的解释，但很多时候，前期的知识铺垫都被忽视了。在今天我们要探讨的特殊事件中，战后许多阶层都有各自不满的缘由，因此会对早期出现的某种一般哲学感同身受。因此，我建议先分析法西斯主义的理论影响，再考察其在当今世界流行的原因。

对**理性**的反抗始于对**推理**的反抗。18 世纪上半叶，当牛顿统治着人们的思想时，人们普遍相信，通往知识之路就是发现简单的普遍规律，再利用演绎推理从这些规律中得出结论。可很多人忘了，牛顿的万有引力定律建立在长达一个世纪的仔细观察之上。人们幻想能在自然的启发下发现普遍规律，于是，自然宗教、自然法、自然道德等理论开始盛行。人们认为这些学科继承了欧几里得的风格，从不言自明的公理中得出实证结论。这些观点引发的政治产物，便是美国和法国大革命期间宣扬的人权学说。

不过，就在"理性的圣殿"看起来即将竣工之际，有人埋下了一枚地雷，最终将这座圣殿炸得灰飞烟灭。埋下地雷的是大卫·休谟。1739年出版的《人性论》有一个副标题，即"将实验推理方法引入道德主体的尝试"。这个副标题展现了休谟的最终目的，可事实上他只完成了一半。他的目的是利用观察和归纳法，代替从名义上不言自明的公理中得出结论。从心气上看，休谟无疑是彻头彻尾的理性主义者，但这种理性是培根而非亚里士多德式的。不过，这种史无前例的敏锐性同知识上的诚实的结合，却令他得出了某种具有毁灭性的结论：归纳法成了毫无逻辑依据的习惯，相信因果关系并不比相信迷信强。随之而来的结论便是，科学和神学一样，应被降级为由虚妄的希望和不合逻辑的执念构成的学科。

在休谟的研究中，理性主义和怀疑主义和平共存。怀疑主义主要用于研究，不应当被用于实际生活。不仅如此，实际生活中还是应尽可能地听从科学方法的指导，虽然他的怀疑主义指责过这些方法。想要达成这种思想上的妥协，一个人必须既是哲学家，又是通晓世故之人；同时，这里面多少有些贵族保守党的味道，令初学者陷入云山雾绕的怀疑之中。总体来说，世界拒绝全盘接受休谟的学说。他的追随者反对他的怀疑主义，他的德国反对者则强调说，这便是纯科学和理性观引发的必然结果。总之，因为他的理论，英国哲学开始走向肤浅，德国哲学开始反对理性——两种情况都源于人们对无法忍受的不可知论的恐惧。欧洲思想再也未能恢复到之前的专心致志。在休谟的后继者中，理智意味着肤浅，深刻则意味着某种程度的疯狂。在近期关于哲学是否适用于量子物理的讨论中，休谟引发的旧争议仍在继续。

德国特色的哲学始于康德，作为对休谟理论的回应逐渐发展起来。康德愿意相信因果、上帝、不朽、道德法则等概念，却发现休谟的哲学令这一切变得困难起来。为此，他对"纯粹"理性和"实践"理性的概念做出了区分。"纯粹"理性只关心可以被证明的东西，这种东西数量不多；"实践"理性关注美德相关的东西，这种东西无疑很多。显而易见，"纯粹"理性就是"理性"，"实践"理性则是一种偏见。就这样，康德将自经院哲学兴起以来，原本早已被各个学派抛弃的理论理性范围之外的诉求，重新又带回了哲学。

从我们的观点看，在反理性道路上走得比康德更远的，是其直接继承者费希特。后者从哲学过渡到政治，开启了后来发展为民族社会主义的运动。不过，在探讨费希特之前，我想先进一步阐述一下"理性"的概念。

既然无法找到能对抗休谟的答案，"理性"便不能再被视为绝对的存在，在这一点上稍有偏差，就要受到理论的谴责。尽管如此，（比如）哲学激进分子和早期伊斯兰教狂热教徒的心态依旧存在明显且相当重要的差异。如果我们将前一种心态称为理性，后一种心态称为非理性，那么很明显，近代以来，非理性现象正在不断增多。

　　我认为，实践中的理性可以通过三个特征来界定。第一，它依靠说服而非暴力；第二，说服者会使用自己确信无疑的论据对他人进行说服；第三，形成意见时，它会尽可能使用观察和归纳，而非直觉。第一个特征排除了宗教裁判所；第二个特征排除了类似英国在战争宣传中使用的方法，虽然这种方法为希特勒所赞赏，理由是宣传"必须根据想要掌控的群众数量，令其思想提升更为深刻"；第三个特征意味着类似安德鲁·杰克逊总统在提到密西西比河时的措辞将被禁止使用。他说，"宇宙之神有意于让这座广阔的山谷隶属于一个国家"——这一重要前提对他和他的听众来说不言自明，却很难向质疑者证明。

　　按照以上定义，使用理性方法，要假定自己和听众之间存在利益和想法上的一致。的确，邦德夫人曾尝试过用理性的方法说服自己养的鸭子。她高喊："快过来，让我宰了你，在你的肚子里装满料，这样顾客才有的吃。"但正常来说，对我们想要吞噬的人诉诸理性不会产生效果。爱吃肉的人不会试图找出令绵羊信服的证据，尼采不会试图说服被他称为"粗制滥造者"的芸芸众生，马克思也不可能想要争取资本家的支持。这些事实说明，只有当权力彻底局限于寡头政治时，诉诸理性才会相对容易。18世纪的英国，只有贵族和他们朋友的意见才重要，这些意见也总能以理性的形式传递给其他贵族。随着参与政治的选民群体扩大，成分越来越复杂，诉诸理性便愈加困难，因为很难再找到能被普遍接受的假设，让所有人达成一致。一旦缺少这种假设，人们便只能依赖直觉；由于不同群体的直觉不尽相同，依赖直觉只会引发纷争和强权政治。

从这个意义上说，对抗理性是历史上反复出现的现象。早期的佛教是理性的，但它之后的演变形式以及在印度取而代之的印度教则是非理性的。在古希腊，俄耳甫斯教徒便是对荷马式理性的反抗。从苏格拉底到马可·奥勒留，古代杰出人物整体来说代表着理性；在马可·奥勒留之后，即便是保守的新柏拉图主义者也满脑子迷信。除了伊斯兰教世界，对理性的呼吁直到11世纪前都处于搁浅状态；那之后，随着经院哲学、文艺复兴和科学的发展，这些呼吁才逐渐取得主导地位。卢梭和卫斯理曾一度掀起反理性的风潮，但19世纪科学和机器的胜利抑制了这种趋势。对理性的信仰在19世纪60年代达到顶峰，之后开始逐渐减弱，如今依旧如此。自希腊文明出现以来，理性主义和反理性主义一直并存，每当一方有望成为绝对主导时，便会出现一种反作用力，令对抗的一方出现新的爆发。

在现代世界，对理性的反抗在一个重要方面有别于此前大多数先辈。从俄耳甫斯教徒开始，之前反抗理性通常是为了救赎——这是个复杂的概念，涉及了善良和幸福，经常需要一些艰难的禁欲行为才能得以实现。我们这个时代的非理性主义者追求的并非救赎，而是权力。为此，他们发展出一套同基督教和佛教对立的伦理观；被统治他人的欲望所支配，他们必然要卷入政治。秉持这一理念的代表作家有费希特、托马斯·卡莱尔、朱塞佩·马志尼和尼采，还有海因里希·冯·特赖奇克、鲁德亚德·吉卜林、休斯顿·张伯伦和柏格森等一众支持者。作为这一运动的反对者，边沁主义者和社会主义者可以被视为同一党派的两翼：二者都奉行世界主义，倡导民主且呼吁经济上的自身利益。二者之间的差异在于方法而非目的。但（迄今为止）在希特勒那里达到顶峰的新运动，其目的却同二者，甚至同整个基督教传统截然不同。

对于几乎每一个促进了法西斯主义发展的非理性主义者来说，政治家应该追求的目标，尼采都已经清晰地做出了表述。尼采有意识地反对基督教和功利主义，否定边沁有关幸福和"最大多数人"的学说。"人类，"尼采说，"是手段而非目的……人类不过是实验材料。"在尼采看来，目的应是杰出个体的伟大成就："目的是获取非凡的**伟大力量**，这种力量可以通过纪律以及消灭千百万个粗制滥造者来塑造未来的人，还可以在看到**由此产生的**、空前未有的苦难时，避免选择**走向毁灭**。"应该指出的是，这一目的的定义，本身不能被视为反理性，因为关于目的的问题无法进行理性论证。我们可以**不喜欢**它——我就不喜欢——但就像尼采不能证明它正确一样，我们也无法**反驳**它。尽管如此，它还是与非理性存在着天然的联系，因为理性要求公正，但伟人崇拜却总有一个小前提，即断言"我是伟人"。

诱发法西斯主义的思想流派的创始人都存在某些共同点：他们在**意志**而非感觉和认知中寻找善；看重权力而非幸福；要武力不要沟通，要战争不要和平，要寡头不要民主，要煽动不要科学公正；他们宣扬斯巴达式而非基督教的苦行，即将苦行看作支配他人的手段，而非有助于培养美德、收获来世幸福的自律。这些思想流派的后期人物又被灌输了流行的达尔文主义，认为生存竞争是高等生物的本能，但这种竞争是人种之间的竞争，而非自由竞争的倡导者主张的人与人之间的竞争。将快乐和知识作为目的，在他们看来有一种不合时宜的被动。他们用荣耀代替了快乐，用他们想要的即正确的这一实用性断言代替了知识。在费希特、卡莱尔和马志尼那里，这些学说还被包裹在传统的道德说教中；到了尼采那里，它们第一次赤裸裸又毫无顾忌地站了出来。

费希特对开创这一"伟大"运动的贡献被远远低估了。最早他的身份是研究抽象理论的形而上学家，但即使在那时，他便已经表现出了武断和自我中心的倾向。他的整个哲学都由"我是我"这一命题发展而来，他说道：

> 自我**设定自己**，并凭借由自己所作的单纯设定而**存在**；它既是行动者，又是行动的产物；既是活动着的东西，又是由活动制造出来的东西；**我要**表达的是一种"本原行动"（Thathandlung）。自我存在就是本原行动，因为它设定了自己。

根据这一理论，自我之所以存在，是因为它自己愿意存在。非我也存在，因为自我愿意它存在；但这样产生的非我，永远不会真正存在于选择设定它的自我之外。路易十四说，"朕即国家"；费希特说，"宇宙即我"。正如海涅在比较康德和罗伯斯庇尔时所说："与我们德国人相比，你们法国人还是过于平淡温和了。"

诚然，费希特之后对此做过解释。他说，当他说"我"的时候，实则是在指"上帝"，但读者并没有因此彻底打消疑虑。

耶拿战役后，费希特不得不逃离柏林。他开始反思，认为此前过于卖力地将非我假定成了拿破仑的形象。1807年他回到柏林，发表了著名的《对德意志民族的演讲》，在其中第一次完整地阐述了他的民族主义信条。这些演讲首先解释说，德国人优于所有其他现代人，因为只有他们拥有纯粹的语言（俄罗斯人、土耳其人和中国人，更不用提爱斯基摩人和霍屯督人也都拥有纯粹的语言，但并未被费希特的历史书提及）。德语语言的纯粹性令德国人独具深刻性；为此，他得出结论："具有特性和做德国人无疑是同一件事。"不过，要使德国的特性免受外国腐朽思想的影响，要使德意志民族作为一个整体有所作为，就必须采用全新的教育方法，将"德国人塑造成一个整体"。费希特说，这种新型教育"本质上必须由这一理念组成，即彻底摧毁自由意志"，并补充说，意志是"人的根基"。

除非是绝对不可避免的情况，德国不应开展对外贸易。实行普遍义务兵役制：每个人都有义务参加战争，不是为了物质利益，不是为了争取自由，也不是为了捍卫宪法，而是在"吞噬一切的高级爱国主义火焰"的推动下，"将民族视为永恒的化身，为了它，高尚之人心甘情愿牺牲自己，至于原本就只为他人存在的卑劣之人，同样必须牺牲自己"。

根据这一学说，"高尚"之人才是人类的目的，"卑劣"之人根本无权要求自己的利益。现代社会攻击民主的本质即在于此。基督教称每个人都拥有不朽的灵魂，在这一点上，人人皆平等；"人权"之说是对基督教教义的发展；功利主义虽不承认个人的绝对"权利"，却认为一个人的幸福同其他人的幸福同等重要，因此，同自然权利学说一样，功利主义也通往民主。但费希特更像一个政治化的加尔文，选出一部分人作为选民，将其他无足轻重之人拒之门外。

当然，这样一来，哪些人才是选民就成了难题。在一个费希特的学说被普遍接纳的社会，每个人都认为自己是

"高尚之人"，还会加入一些由同类组成的党派，这些人看起来都同他一样高尚。这些人或许和他同属一个民族，比如费希特的例子；或许同属一个阶级，比如无产阶级的共产主义者；也可能是他的家人，比如拿破仑的情况。没有客观标准能定义"高尚"，除了在战争中获胜。因此，战争是这一信条无法避免的产物。

卡莱尔的人生观主要源自费希特。费希特对卡莱尔观点的影响唯一且巨大。但卡莱尔又添加了一些之后成为这一流派特点的东西：一种类似社会主义的、对无产阶级的关心，实质上却是对工业主义和新贵阶层的仇视。卡莱尔在这一点上隐藏极深，甚至骗过了恩格斯，后者还在1844年关于英国工人阶级的著作中对其赞赏有加。鉴于此，许多人会被民族社会主义的"社会主义"外表迷惑也就不足为奇了。

事实上，一直到现在还有不少人被卡莱尔蒙在鼓里。他的"英雄崇拜"听起来十分崇高。他说，我们需要的不是民选议会，而是"英雄国王，以及一个不会胆怯的世界"。想要理解这句话，我们需要看看将其转化为事实是何种模样。在《过去与现在》（*Past and Present*）一书中，卡莱尔将12世纪的萨姆森修道院院长奉为楷模；但质疑这种说法且读过《布雷克隆德的乔克林编年史》(*Chronicle of Jocelin of Brakelonde*)的人都知道，这位修道院院长是个毫无道德底线的恶棍，集暴虐的地主和诡辩的律师于一身。卡莱尔眼中的其他英雄同样令人反感。针对克伦威尔在爱尔兰的大屠杀，卡莱尔竟写出如下评价："在奥利弗[1]的时代，正如我所说，人们仍然相信上帝的审判；在奥利弗的时代，还没有什么'废除死刑'以及让-雅克[2]的博爱主义那些令人分心的言论，也没有在这个充满罪恶的世界里到处宣扬玫瑰花水……只是在后来那些颓废的时代……那些不分青红皂白地将善与恶混为一谈的做法……才在地球上蔓延开来。"至于他敬仰的其他大部分英雄，比如腓特烈大帝、弗朗西亚博士[3]和埃尔总督[4]，我只想说，他们的一个共同特征便是嗜血成性。

那些仍认为卡莱尔在某种意义上多少是个自由主义者的人，应该去读读他在《过去与现在》一书中描写民主的章节。这一章大部分内容都是对征服者威廉的赞美，以及

1　即奥利弗·克伦威尔。

2　即让-雅克·卢梭。

3　即何塞·加斯帕尔·罗德里格斯·德·弗朗西亚，1814 年上台的巴拉圭独裁领袖。

4　即爱德华·埃尔，1854 年担任英属殖民地牙买加总督。

对当时农奴幸福生活的描绘。之后，他对自由做出如下定义："你可以说，人的真正自由在于发现或被迫发现正确的道路，并从此行走下去。"接着，他又表示民主"意味着对找不到能统治你的英雄的绝望，并满足于没有他们的世界"。这一章以雄辩预言家的口吻得出如下结论，在民主走完全部进程后，余下的问题便是，"找到由真正的强者领导的政府"。敢问其中哪一个字，希特勒会不赞同？

马志尼比卡莱尔更为温和，也不赞同卡莱尔的英雄崇拜观点。马志尼崇拜的对象不是个别伟人，而是国家；虽然将意大利放在最高位置，但他允许除爱尔兰以外的欧洲国家拥有自己的角色。不过，同卡莱尔一样，马志尼也认为，责任优先于幸福，甚至优先于集体幸福。他认为，上帝已经向每个人的良心展示了什么是正确，剩下的便是遵循内心感受到的道德法则行事。他从未意识到，不同的人打心底对道德法则的要求有着不同的理解；或者说，马志尼真正在要求的，是他人都要依照**祂的**启示行事。他将道德置于民主之上，说："单凭多数人的投票不能构成主权，如果其结果违背了道德规范……人民的意志是神圣的，但前提是它阐明并贯彻了道德法则；一旦脱离这一法则，人民的意志便无效且无力，只能被视为任性。"这正是墨索里尼的观点。

此后，这个学派的学说只增加过一个重要因素，即伪达尔文主义的"种族"信仰（费希特将德国的优越归因于语言，而非生物学上的遗传）。尼采同他的追随者不同，他本人并非民族主义者或反犹主义者，他的学说是在针对不同的个体：他希望"劣等人"可以被禁止繁衍，还希望像爱狗人士养狗那样，培育出一个超人种族并掌控所有权力，其他人存在的意义只是满足超人的意志。不过，此后持相似观点的作家，无一不在努力证明，人类优秀的品质只与他们自己的种族有关。爱尔兰的教授们著书立说，以证明荷马是爱尔兰人；法国人类学家拿出考古证据，说凯尔特人而非日耳曼人才是北欧文明的源头；休斯顿·张伯伦为但丁是德国人、基督不是犹太人做出了详细论证。居住在印度的英国人普遍重视种族，因为他们的原因，再加上鲁德亚德·吉卜林作品的影响，大英帝国也沾染了这一倾向。不过，反犹主义在英国从未盛行过，尽管休斯顿·张伯伦这个英国人倒是在德国给犹太民族编造了虚假的历史根基，而反犹主义自中世纪以来便在德国存在了。

关于种族，如果不涉及政治，便可以说其实际上并无政治重要性可言。非要说不同种族之间存在遗传上的心理差异倒也并非不可能，但可以肯定的是，至今我们对这些差异是什么依旧一无所知。对成年人来说，环境的影响早已超过了遗传的影响，更何况，不同欧洲人之间的种族差异，肯定不如白种人、黄种人和黑种人之间的差异明显。没有什么突出的生理特征能将现代欧洲各国居民明确区分开来，毕竟大家都是不同族群相互融合产生的后代。谈到心理上的优越感，每个文明国家都能提出自己的合理主张，故所有的主张实则一样无效。犹太人**可能**比不上德国人，但德国人同样可能比不上犹太人。将伪达尔文主义的术语用于解释种族问题毫无科学依据。无论未来会揭示什么，目前我们都没有任何恰当的理由，可以以牺牲一个种族为代价去激励另一个种族。

从费希特开始，整个运动都是在通过信仰的手段增强自尊心，满足权力欲。除了能带给人自我满足以外，这种信仰并无其他益处。费希特需要一种让他觉得自己比拿破仑优越的学说；卡莱尔和尼采身患疾病，只能在想象的世界中寻求满足；鲁德亚德·吉卜林时代的大英帝国正在为丧失工业优势而羞耻；而我们这个时代，希特勒主义者的疯狂就如同一件由神话制成的外衣，让德国的自尊心躲在里面取暖，以抵御《凡尔赛条约》的冷风。一旦自尊心受到致命伤害，人们就无法理性思考；故意羞辱一个国家，一旦最后它变成了疯子的国度，那就只能"感激"羞辱者自己了。

说到这里，我们便找到了以上非理性甚至反理性学说会被广泛接纳的原因。各种各样的先知在这样那样的时代宣扬形形色色的学说，但最后能流行起来的，一定是对当时大环境引发的情绪具有特殊吸引力的学说。正如我们看到的，现代非理性主义者的代表性观点包括：强调**意志**而非思想和感情；美化权力；相信源自直觉的"假定"命题，反对观察和归纳法的检验。对惯于控制飞机等现代机械的人们，以及那些权力不如从前而又找不到任何恰当理由恢复原有优势地位的人们来说，产生这种心态是自然而然的反应。工业主义和战争培养了人们掌控机械的习惯，同时造成了经济和政治权力的巨大转移，于是，大量群体都渴望拥有一种实用性的自我主张。法西斯主义便这样发展了起来。

对比1920年同1820年的世界，我们会发现，权力提升的群体包括大工业家、工薪阶层、女性、异教徒和犹太人（我所说的"异教徒"是指宗教信仰同所在国政府不一致的人）。相应地，失去权力的群体包括君主、贵族、神职人员、中产阶级的下层以及同女性相对的男性。大工业家手中的权力比此前任何时候都更为强大，但他们却因为社会主义的威胁，特别是对莫斯科的恐惧而缺乏安全感。战争利益集团——陆军上将、海军上将、飞行员和军火公司的境况也差不多：虽然此刻强大，却也遭受着布尔什维克以及和平主义者这帮可恶分子的威胁。已经败下阵的那部分人——国王、贵族、小店主、在感性上站在宗教宽容对立面的人、怀念男性统治女性时代的男人——看来已注定要走向没落和淘汰；经济和文化的发展，令他们在现代世界毫无立足之地。这些人自然会心怀不满，集中在一起，他们的群体也相当庞大。尼采哲学从心理上满足了他们的精神需求，工业家和军国主义者则十分巧妙地利用了这一点，将这些失败者凝聚成一个团体，除了工业和战争，这个团体支持一切带有中世纪色彩的反动行为。在工业和战争方面，他们渴望一切现代的技术，但又不愿分享权力、争取和平，于是，社会主义者成了权势阶层眼中的危险分子。

因此，纳粹哲学中的非理性因素，从政治上看，是为了争取那些已经失去"存在理由"的群体的支持；而相对理性的部分，则要归因于工业家和军国主义者。说前者

"非理性"，是因为诸如小店主一类的群体几乎不可能实现心中的希望，虚幻的信仰是他们摆脱绝望的唯一避难所；相反，工业家和军国主义者的希望只有通过法西斯主义才有可能实现，其他道路几乎都行不通。他们的希望必须通过摧毁文明来实现的事实，并不意味着他们是非理性的，只能说明他们穷凶极恶。这些人组成了这场运动中智力最优越、道德最低下的部分；其余人则被荣耀、英雄主义和自我牺牲的愿景所迷惑，对自己真正的利益视而不见，被裹挟在狂热的情感中，被别人利用，去实现根本就不属于他们自己的愿望。这便是纳粹主义的精神病理学。

我刚刚说过支持法西斯主义的工业家和军国主义者是理性的，但这种理性只是相对而言。蒂森[1]相信，在纳粹运动的帮助下，他既可以扼杀社会主义，又能扩大自己的市场。不过，我们没有理由认为他的想法正确，就像我们不认为他的先辈们在1914年的判断正确一样。对蒂森来说，将德国民众的自信心和民族主义情绪煽动到危险的程度十分必要，可由此带来的最可能结果便是一场失败的战争。

1　弗里茨·蒂森（FritzThyssen），德国垄断资本家，著有《我资助了希特勒》。其父奥古斯特·蒂森19世纪末凭借经营钢铁业发家，被称为"鲁尔之王"。

最初的巨大成功甚至也不会带来最终的胜利，如同二十年前一样，如今的德国政府又忘了美国。

还有一个整体来看属于反纳粹的因素极其重要，虽然有人可能会期待它支持反动势力——我指的是有组织的宗教。在纳粹运动中达到顶峰的哲学思潮，从某种意义上说是新教合乎逻辑的发展。费希特和卡莱尔的道德观是加尔文主义；终身反对罗马的马志尼，在个人良知绝对正确的问题上，拥有一种彻底的路德主义信仰。尼采热切地相信个人价值，认为英雄不应屈服于权威，这一点正是在发扬新教的反抗精神。鉴于此，人们或许会认为新教教会欢迎纳粹运动，在一定程度上它们也的确如此。不过，在新教与天主教共同认可的教义中，新教发现自己其实是这一新哲学反对的对象。尼采断然反对基督教，休斯顿·张伯伦给人的印象是，基督教是在黎凡特地区混血的世界主义者中发展起来的低端迷信。否定谦逊，否定"爱你的邻居"，否定温顺者的权利，这些都违背了福音的教导；反犹主义无论是从理论还是实践上，都很难同起源于犹太人的宗教取得和解。出于这些原因，纳粹主义同基督教很难成为朋友，说二者的对立最终会导致纳粹垮台，这也并非不可能。

无论是在德国还是在其他地方，还有一个原因，令现代非理性崇拜同任何传统形式的基督教都不可能相容。受犹太教的启发，基督教采纳了"真理"的概念，以及与之相关的"信"的美德。这种概念和美德在"诚实的怀疑"中幸存了下来，正如基督教的全部美德都在维多利亚时代的自由思想家中保留了下来一样。可渐渐地，怀疑主义和相关宣传令发现真理看起来毫无希望，而坚持虚假却相当有利可图。智力上的诚实便这样被摧毁了。希特勒在解释纳粹纲领时说：

> 科学是民族国家增强民族自豪感的手段。不仅是世界史，文明史同样需从这个角度进行教授。发明家应当被视为伟人，但这种伟大不仅仅是因为其发明家的身份，更是因为他是我们的同胞。对任何伟大举措的仰慕，都必须同自豪感结合，因为完成这一举措的幸运之人，是我们民族的一员。我们必须从德国历史上的众多伟人中挑选出最伟大的一批，以一种令人印象深刻的方式呈现在年轻人面前，使他们成为不可动摇的民族主义情绪的支柱。

科学是对真理的追求这一概念在希特勒的头脑中完全

消失了，他甚至不愿对此进行反驳。正如我们知道的那样，相对论被认为是不好的理论，因为它是犹太人发明的。当初，宗教裁判所否定伽利略的学说，是因为他们认为其不正确；但希特勒直接以政治理由接受或否认某种学说，根本不涉及真理或谬误的概念。可怜的威廉·詹姆斯，他最初提出这一观点时，如果知道此后它会被如此利用，一定会心惊胆战。不过，一旦客观真理的概念被弃之门外，"我到底该相信什么"的问题便无疑亟待解决，至于如何解决，正如我在1907年写下的那样，则只能"诉诸武力和军队的裁决"，而非神学和科学方法。因此，将政策建立在反理性基础上的国家，注定会发现自己不仅同知识本身，还同任何宣扬真正基督教教义的教会站到了对立面。

　　导致反理性的一个重要因素，就是许多有能力、有精力的人无处宣泄对权力的热爱，最后只能变成颠覆分子。之前，小国赋予了许多人政治权力，小企业则给予了许多人经济权力。现在，大量人口住在郊区，在大城市工作。乘火车去伦敦，途中会经过大片建满小别墅的区域，住在这里的家庭不觉得自己应该同工人阶级团结一心；家里的男人没有机会参与当地事务，毕竟他终日在外，要听命于雇主的吩咐；周末在家打理后院是唯一能让他发挥主动性的机会。政治上,他嫉妒社会为劳动者提供的一切,不过,尽管认为自己不富裕,势利又令他排斥社会主义和工联主义的方式。他居住的郊区,人口或许同古代著名的城市不相上下,但这里的集体生活却枯燥乏味,而且他也没有时间培养对此的兴趣。对于这种人而言,一旦不满情绪积累到一定程度,法西斯运动很可能会是一种解脱。

理性在政治中的衰落源于两个因素:一方面,对某些阶级和某些类型的个人来说,当下的世界已无法为他们提供任何机会,可他们又无法在社会主义中看到希望,因为他们不属于工薪阶层;另一方面,一些集能力和权势于一身的人,他们的利益同整个社会的利益相悖,必须通过激发各种歇斯底里的情绪,才能更好地维持自己的影响力。反共产主义、对外国军备的恐惧和对外国竞争的憎恨便是其中最可怕的怪物。我不是说理性的人感受不到这些情绪,而是说这些情绪被加以利用,让人们在面对实际问题时无法理性思考。世界上最需要的两件事是社会主义与和平,但它们都与我们这个时代大权在握者的利益相悖。让实现这两个目标的过程**看起来**同大部分人的利益违背并不困难,最简单的办法就是制造大规模的狂热情绪。社会主义与和平的威胁越大,政府就越要侵蚀民众的精神生活;当下的经济困难越严重，受害者就越愿意在诱导下放弃理智的清醒，转而沉醉于虚幻的口号。

自1848年以来一直在上涨的民族主义狂热是非理性崇拜的一种形式。普遍真理的概念被抛弃了，取而代之的是英国的真理、法国的真理、德国的真理、黑山的真理以及摩纳哥公国的真理。同样，工薪阶层有工薪阶层的真理，资本家有资本家的真理。面对形形色色的"真理"，如果理性的劝说已无法发挥作用，唯一可行的决策便只有战争和疯狂的唇枪舌剑。国家和阶级的深刻矛盾正影响着我们的世界，在这些矛盾得到解决之前，很难指望人类会恢复理性思考的习惯。困难的是，只要非理性占据上风，人类的困境就只能靠偶然来解决；如果说非个人的理性使普遍的合作成为可能，那么代表个人激情的非理性便会让冲突不可避免。正是由于这个原因，理性，从诉诸普遍、非个人真理标准的意义上说，对人类的福祉极为重要，不仅在它容易盛行的时代如此，在不够幸运的时代更是如此——虽然身处这些时代的人瞧不起甚至否定理性，将其视为缺乏阳刚之气之人的虚妄梦想，因为即便意见不合，他们也不愿大开杀戒。

一旦自尊心受到致命伤害，人们就无法理性思考；故意羞辱一个国家，一旦最后它变成了疯子的国度，那就只能"感激"羞辱者自己了。

现代非理性主义者的代表性观点包括：强调意志而非思想和感情；美化权力；相信源自直觉的"假定"命题，反对观察和归纳法的检验。

导致反理性的一个重要因素，就是许多有能力、有精力的人无处宣泄对权力的热爱，最后只能变成颠覆分子。

理性，从诉诸普遍、非个人真理标准的意义上说，对人类的福祉极为重要，不仅在它容易盛行的时代如此，在不够幸运的时代更是如此。

文　明

西方文明

> 我们可以将文明定义为知识和远虑相结合而产生的一种生活方式。

　　客观地考察自己的文明绝非易事。实现这一目标可以借助三种常用方法，即旅行、历史和人类学。我接下来的分析也将用到这三种方法，不过，它们中的任何一种，在实现客观性上都没有表面看起来那么好。旅行家只会看到他们感兴趣的东西，比如，马可·波罗就从未注意到中国妇女裹小脚这件事。历史学家总爱根据自己的关注点将事件归纳为一些模式：罗马帝国的衰落曾被归因于外来入侵、基督教、疟疾、离婚和移民——最后两点分别受到了美国牧师和政客的青睐。人类学家则根据他所处年代的流行偏见选择和分析事实。其实，连家门都极少迈出的人，又能对野蛮人了解多少？卢梭的追随者说他们高尚，帝国主义者说他们残暴；遵循教规的人类学家说他们是顾家的好男人，主张改革离婚法的人说他们奉行自由恋爱；詹姆斯·弗雷泽 [1] 爵士说他们总在弑神，其他人说他们一直在举行入教仪式。总而言之，野蛮人肯定是乐于助人的家伙，只要能支撑人类学家的理论，他们成为什么都可以。不过，尽管存在这些缺点，旅行、历史和人类学仍是研究文明的最佳方法，必须加以充分利用。

首先，什么是文明？在我看来，文明首要的关键特征是**远虑**。确实，这一点是人与动物、成人与儿童的主要区别。远虑的程度各异，我们可以根据国家和时代呈现出来的远虑程度，判断其文明的高低。远虑几乎可以被精准衡量。一个或许令人信服的观点是，社会平均远虑程度与其实际利益成反比，我不赞同这种说法。但我们可以说，任何行为中涉及的远虑程度，都可以通过三个因素来衡量：当下的痛苦、未来的愉悦和两者之间的间隔时间。用当下的痛苦除以未来的愉悦，再乘以两者之间的间隔时间，便能得出远虑的程度。个人的远虑同集体的远虑存在差异。在贵族和财阀社会，一些人能够忍受当下的痛苦，另一些人则享受未来的愉悦，这使得集体远虑实施起来更为容易。从这个意义上说，工业化所有的典型举措都表现出了高度

1　詹姆斯·弗雷泽（James Frazer），英国人类学家，著有《金枝》等作品。

的集体远虑：对于修铁路、建码头、造轮船的工人来说，他们的付出多年之后才能收获回报。

诚然，现代人不会像古埃及人那样，在尸体防腐上展现出那么多远虑，只为有机会在一万年后重生。这就涉及了文明的第二个关键要素，**知识**。建立在迷信基础上的远虑算不上真正的文明，虽然它能帮助人养成一种可以促进真正的文明发展的重要思维习惯。比如，清教徒将享乐推迟到来世的习惯，无疑有助于促进工业化所需的资本积累。因此，我们可以将文明定义为**知识和远虑相结合而产生的一种生活方式**。

如此说来，文明始于农业和畜牧业。直到近代，农耕人口同游牧民族之间仍存在巨大分歧。《创世记》第四十六章三十一节至三十四节提到，由于埃及人厌恶游牧民族，以色列人不得不定居在歌珊地而非埃及本土。

> 约瑟对他的弟兄和他父的全家说："我要上去告诉法老，对他说：'我的弟兄和我父的全家，从前在迦南地，现今都到我这里来了；他们本是牧羊的人，以养牲畜为业；他们把羊群、牛群和一切所有都带来了。'等法老召你们的时候，问你们说：'你们以何事为业？'

你们要说：'你的仆人，从幼年直到如今，都以养牲畜为业，连我们的祖宗也都以此为业。'这样，你们可以住在歌珊地；因为凡牧羊的，都被埃及人所厌恶。"

在古伯察的游记中，中国人对以放牧为生的蒙古人也持相似态度。总体来看，农业文明一直代表着更高等的文明，与宗教的关系也更为密切。不过，族长们的羊群和牲畜对犹太教影响巨大，自然也就影响了基督教。该隐和亚伯的故事便是宣扬牧羊人比农耕者品德高尚的寓言。尽管如此，直到近代，文明的发展主要依赖的还是农业。

迄今为止，我们尚未考虑西方文明同印度、中国、日本和墨西哥等国文明的差异。事实上，科学兴起之前，西方文明与以上文明之间的差异远远小于科学兴起之后。当今西方文明的显著标志是科学和工业化；但我打算先阐述一下我们在工业革命前的文明。

追溯西方文明的起源，我们会发现，从埃及和巴比伦文明中衍生出来的东西，整体来说是所有文明共有的特征，而非西方文明独有。西方文明的独特性始于希腊人，他们发明了演绎推理和几何学。不过，希腊人对其他领域的贡献，要么谈不上独特，要么就湮没在黑暗的中世纪了。在文学和艺术领域，我们或许可以说希腊人创造了辉煌，但同其他古代文明相比，差异谈不上巨大。在实验科学领域，的确出现过个别伟人，尤其是引领了现代科学的阿基米德，但这些人未能成功创建学派或传统。因此，希腊人对文明的突出贡献，还是在演绎推理和纯数学领域。

不过，希腊人不擅政治，如果没有罗马人的行政能力，希腊对文明的贡献可能早就湮没在历史长河中了。罗马人研究出了通过行政体系和法律制度来管理庞大帝国的方法。在此之前，帝国的一切往往取决于君主本人的能力，但对罗马帝国来说，即便皇帝被禁卫军谋害、皇权被拍卖，也不会影响到国家机器的正常运转——事实上，其影响之微不足道，同今天的大选结果相差无几。罗马人似乎创造了一种美德：忠于非个人化的国家而非统治者本人。的确，希腊人总将爱国主义挂在嘴边，但统治希腊的政府官员却个个腐败至极，几乎每个人都在职业生涯的某个阶段收受过波斯的贿赂。罗马人忠于国家的思想，是西方产生稳定政府的基本要素之一。

想要完整地讨论现代之前的西方文明，还要考虑一个因素，即政府与后来发展为基督教的宗教之间的特殊关系。基督教最初是非政治的，作为丧失了民族和个人自由之人的慰藉，在罗马帝国发展起来后，它继承了犹太教对统治者进行道德谴责的态度。君士坦丁大帝之前，教徒对基督教组织的忠诚，已经远远超过了他们对国家的忠诚。罗马帝国衰落后，教会以一种奇特的综合体形式保留了犹太、希腊和罗马文明中公认的最重要的东西。从犹太人的道德热诚中产生了基督教的伦理戒律；从希腊人对演绎推理的热爱中产生了神学；从罗马的帝国主义和法理学中，分别产生了教会中央集权和教会法。

虽然从某种意义上说，这些高级文明的元素在中世纪得以保留，它们在很长一段时间却或多或少处于休眠状态。事实上，西方文明并非当时世界上最优秀的文明：伊斯兰文明和中国文明都优于西方。为何西方之后会发展得如此迅速，于我而言在很大程度上仍是个谜。当今时代，人们习惯于为一切现象找到经济学上的解释，但这种解释往往过于轻率。单凭经济原因显然无法解释，比如西班牙的衰落，因为这更多归因于偏狭和愚蠢。经济原因也无法解释科学的兴起。通常来说，文明会不可避免地走向衰落，除非接触到更优秀的外来文明。人类历史上只有极少数时期和极少数地区出现过文明的自发进步。埃及和巴比伦创造文字、发明农业肯定属于自发进步；希腊自发进步了约两百年；西欧自文艺复兴以来也出现过自发进步。但我不认为就总体社会条件而言，这些时期和地区有何特别之处，能令它们有别于文明驻足不前的时期和地区。我无法回避这样的结论，即时代的伟大进步确实依赖过少数能力卓越的个人。当然，社会和政治条件是出现进步的**必要**条件，但绝非**充分**条件，因为缺少卓越的个人时，这些条件通常也存在，却未能产生进步。如果开普勒、伽利略和牛顿夭折于襁褓之中，我们现在生活的时代同16世纪或许就不会有如此巨大的差距。这说明了一个道理，不能认为进步是板上钉钉的事：缺少杰出人才的涌现，我们无疑会陷入拜占庭式的停滞。

中世纪的一项重要贡献是代议制政府。代议制之所以重要，是因为它有史以来第一次让被统治阶级以为，一个庞大帝国的政府是由他们自己选出来的。这一制度一旦成功，能够形成高水平的政治稳定。然而，近代以来，越来越多的证据表明，代议制政府不是适用于所有国家的灵丹妙药。应该说，它的成功似乎主要局限在英语国家和法国。

尽管如此，通过这样那样的方式形成的政治凝聚力，已成为西方文明有别于其他文明的显著标志。这种凝聚力主要表现为爱国主义——虽然起源于犹太教的排他性和罗马人对国家的忠诚，但爱国主义直到现代才得以充分发展，始于英国击败西班牙无敌舰队，并首次在莎士比亚的文学作品中得到体现。宗教战争结束后，以爱国主义为主要基础的政治凝聚力在西方持续稳步提升，至今仍在迅速发展。这方面，日本无疑是个天赋异禀的学生。日本历史上好战的封建贵族，像极了玫瑰战争时期扰乱英国的那帮人。不过，借助基督教传教士搭乘的船只，枪支和火药被运抵日本，借助它们的力量，日本幕府奠定了国内和平。自1868年以来，通过教育和神道教，日本政府成功地将国家打造得同西方一样坚毅而团结。

现代世界大部分的社会凝聚力，在很大程度上取决于战争艺术的变化。自火药发明以来，战争总是倾向于增强政府的权力。这一过程恐怕仍会延续，却因为一个新的因素变得复杂起来：如今，军队越来越依赖产业工人提供的军需品，于是政府便越发有必要获取广大民众的支持，为此就要增强宣传手段。相信不久的将来，各国政府都会在这一领域突飞猛进。

欧洲过去四百年的历史，是一部兴衰并存的历史：以天主教会为代表的旧综合体的衰落，和以爱国主义和科学为基础的新综合体的兴起，虽然后者的发展尚不完善。我们无法假设，如果科技文明被移植到非我们的先辈所居住的地方，是否会产生同我们一样的文明。科学嫁接到基督教和民主制度上，同嫁接到祖先崇拜和君主专制上，产生的效果可能截然不同。基督教教导我们要尊重他人，但科学对此的态度是完全中立的。科学本身不提供任何道德观，我们也不知道传统道德观未来又会被何种道德观取代。传统的转变是缓慢的，我们的道德观在很大程度上仍停留在前工业时代，但我们不能假设这种情况会一成不变。逐渐地，人们会产生符合他们生理习惯的思想，理想也会同工业技术的发展更为匹配。生活方式的改变比以往任何时期都更为迅猛：世界在过去一百五十年中发生的变化，比之前四千年加在一起还要多。如果彼得大帝可以同汉谟拉比对话，他们必定能够互相理解，但二人肯定都无法理解当下的金融和工业巨头。一个奇怪的事实是，现代社会的新思想几乎都围绕着技术和科学。科学也只是在最近才打破迷信道德观的桎梏，让仁慈得到解放，进而促进了新道德观的发展。只要传统的道德观念强迫人受苦（如禁止避孕），一种更仁慈的伦理观便会被视为不道德；于是，允许知识影响其伦理观的人，就会被无知的使徒视为恶人。不过，我非常怀疑，像我们这样如此依赖科学的文明，从长远看，是否会成功禁止那些能够极大提升人类幸福的知识。

事实上，我们传统的道德观要么是纯个人化的，比如追求个人圣洁，要么只适用于比现代世界的重要群体范围小很多的人群。现代科技对社会生活产生的最值得关注的影响之一，是人们开展大规模群体活动的程度大幅增强，因此，个人行为可能会对距离他十分遥远的人群产生巨大影响，后者同他所在的群体往往是合作或对立关系。诸如家庭等小团体的重要性正在日益减弱，传统道德观能够影响的唯一大规模群体便是民族或国家。其结果便是，我们这个时代具备影响力的宗教，除非是**纯粹**传统的延续，否则都包含了爱国主义元素。普通民众愿意为爱国主义献出生命，这一道德义务是如此强烈，他们根本无力反抗。

争取个人自由的运动是自文艺复兴起至 19 世纪自由主义的标志之一，但它可能会因工业化带来的高度组织化而陷入停滞。社会对个人的压力或将以一种全新的形式，变得如同在野蛮群体中一样强大；国家可能会越来越多地以集体而非个人成就来自我标榜。现在的美国便是如此：人们以摩天大楼、火车站、桥梁，而非诗人、艺术家和科学家为荣。这也是俄国政府的统治哲学。诚然，这两个国家依然保留着对个人英雄的渴望：在俄国，列宁是个人荣耀的代表；在美国，这一荣耀属于运动员、拳击手和电影明星。不过，即便是这两种情况，英雄也要么离世，要么微不足道，而当下那些重要的工作，并没有同杰出个人的名字联系在一起。

这就涉及一个有趣的猜想：是否任何有价值的东西都可以由集体而非个人努力创造，这种情况下的文明是否程度最高？我认为这个问题无法轻易给出答案，只能说，无论是艺术还是智力领域，合作取得的成果都有可能胜过之前的个人成就。在科学领域，已经出现了将研究工作同实验室而非个人挂钩的趋势，如果未来这一趋势加剧，极有可能推动科学的发展，因为它可以促进合作。可如果任何领域的重要工作都将以集体的形式开展，个人积极性就必然受限：他不会再像迄今为止的天才们那样充满主见。基督教道德对这一趋势也有影响，但作用恐怕同多数人想象的相反。人们往往认为，因为倡导利他主义和爱邻之心，基督教一定是反个人主义的。这种看法并不正确。基督教看重个体灵魂，强调个人救赎。一个人要帮助邻居，是因为这对**他**来说是正确的事，而不是因为他**本能地**属于某个更大的群体。基督教在起源上，甚至在本质上，都是非政治甚至非家庭的，它的目的是塑造比自然创造出来的更为独立自主的个人。过去，家庭是个人主义的抗衡力量，但家庭的概念现已衰落，无法再像从前那样抑制人的本能。不过，家庭失去的，正是国家收获的，因为国家吸引的，正是在当今的工业世界已无生存空间的生物本能。然而，从稳定的角度看，国家这一单位还是过于狭隘。虽然我们希望人们的生物本能适用于全人类，但从心理学的角度看很难实现，除非人类作为一个整体，受到了严重的外部威胁，比如某种新疾病或全球性饥荒。但这些事情不太可能发生，因此，除非某个民族或几个民族联合起来征服了全世界，我不认为哪种心理机制能促成世界政府的建立。不过，世界政府似乎符合自然发展的规律，或许未来一两百年会有机会实现。对西方文明来说，以目前的情况看，科学和工业技术的重要性已经远超所有传统因素的总和，但我们显然不能认为，这些新生事物对人类生活的影响已经达到了顶峰：相比之前，如今一切自然变化得更快，但又没有人们想象的那么快。纵观人类的发展史，能同工业化发展这一重要事件相提并论的大事件，最近的一次还要数农业的出现。农业花费了数千年才在地球上传播开来，在此过程中形成了一整套思想体系和生活方式。农业的生活方式甚至还未能彻底征服世界现存的贵族阶层，特有的保守主义令他们在很大程度上仍停留在狩猎时代。在这一点上，狩猎法就是明证。同样，我们可以预测，在落后的国家和群体，农业思维还将延续多年。

但农业观并不是西方文明，以及其在东方孕育的后代所表现出的显著特征。在美国，人们发现，即便在农业生产中，也存在着相当程度的半工业化思维，毕竟美国没有土生土长的农民。在俄国和中国，政府已经拥有了工业发展观，但又不得不去应对无数无知的农民。不过，在这一点上，重要的是记住，这些不会读写的人群相较于西欧和美国的群体，更容易因政府的实际行动改变思维。通过扫盲和恰当的宣传，国家可以引导正在成长的新一代鄙视自己的长辈，程度之深足以让最时髦的美国摩登女郎自叹不如；如此，只需一代人的工夫，国家便可以彻底改变全民的思维。在俄国，这种改变正在如火如荼地进行，在中国也已经起步。因此，两个国家都有望培养出纯粹的工业化思维，而不必受到在发展较为缓慢的西方国家幸存下来的传统因素的影响。

西方文明已经改变且变化速度惊人，以至于许多喜欢缅怀往昔的人，发现自己正生活在看似完全陌生的世界里。

但现代文明只是更清晰地展示了自罗马时代以来便一直存在的特征，这些特征正是长久以来欧洲有别于印度和中国的标志。活力、包容度低和抽象智力这三个特征，令欧洲最好的时代同东方最好的时代截然不同。在文学和艺术方面，希腊人或许已经登峰造极，但他们同中国的差异最多只是程度上的不同。在活力和才智方面，我已说得足够多；不过，关于包容度低，我有必要再多说几句，毕竟欧洲这一特征恐怕比许多人以为的还要长盛不衰。

诚然，希腊人沉迷于这一恶习的程度远不及其后继者，但他们还是处死了苏格拉底；至于柏拉图，尽管钦佩苏格拉底，他却认为国家应该宣扬连他本人都认为毫无依据的宗教观，而任何对此表示怀疑的人都理应受到迫害。儒家、道家和佛教徒从未认可过这种希特勒式的教义。柏拉图绅士般的优雅风度代表不了欧洲人：他们向来精明好战，而非谦恭有礼。西方文明这一独特之处，在普鲁塔克对阿基米德用其发明的机械装置保卫锡拉库扎的记载中便可见一斑。

迫害的一个来源，即民主嫉妒，在希腊人身上得到了充分发展。亚里斯泰迪斯被流放，只因其"正义者"的名声令人生厌。以弗所的赫拉克利特不是民主主义者，他感慨道："以弗所的成年人都该悬梁自尽，将城市留给尚未长出胡子的毛头小伙子；因为他们放逐了赫尔谟德鲁斯，他们中最优秀的人物，还说，'我们不需要比我们更优秀的人。如果真有这种人存在，就让他去别的地方，到别的人群中去吧'。"我们这个时代诸多不友善的表现，早在古希腊便已出现，比如法西斯主义、民族主义、军国主义、雇主和腐败的政客。希腊人也拥有好战的庸俗特点和宗教迫害倾向。他们中存在优秀的个人，我们现在也有；同样，无论是那时还是现在，相当一部分最优秀的个人都要遭受流放、监禁或死亡。不过，希腊文明有一个优于我们时代的特点，那便是警察的无能，这令一大部分正直的人得以逃脱厄运。

君士坦丁大帝皈依基督教，令欧洲有别于亚洲的迫害冲动第一次得到了充分表达自我的机会。诚然，在过去一百五十年里，自由主义也曾短暂地占据过主导地位，但现在，白人又回到了基督教徒从犹太人那里继承的神学偏执中。犹太人首次提出真实有效的宗教只能是唯一的，但又不希望全世界都皈依这种宗教，如此一来反而害了自己。基督教徒保留了犹太教对特殊启示的信仰，并加入了罗马人征服世界的渴望和希腊人对形而上学之玄妙的热爱，这种组合造就了世界上迄今为止迫害倾向最严重的宗教。在日本和中国，佛教被和平地接纳，并被允许与神道教和儒教共存；在伊斯兰世界，基督教徒和犹太人只要缴纳赋税便不会被为难；但在基督教世界，只要稍微偏离正统，通常都会被处以死刑。

一些人看不惯法西斯排除异己的行为，对此我毫无异议；但如果他们认为那些行为不符合欧洲传统，我就难以苟同了。如果说，当今政府凭借正统观念迫害异己的风气令一些人感到窒息，那恐怕换作欧洲之前大多数时代，境况也不会比现在的德国更好。我们如果能够借助魔法穿越回过去，是否会认为斯巴达胜过如今的现代国家？我们是否会更希望回到诸如16世纪的欧洲，生活在不信巫术就要被处死的社会？我们能否忍受新英格兰早期的生活，又是否会钦佩皮萨罗[1]对待印加人的方式？我们是否会喜欢文艺复兴时期的德国，它在一个世纪内烧死了十万名女巫？我们是否会欣赏18世纪的美国，在那里，波士顿声名显赫的神学家们将马萨诸塞州地震归咎于安装避雷针是不虔诚的

---

[1] 即弗兰西斯科·皮萨罗（Francisco Pizarro），西班牙掠夺者，印加帝国的侵略者。

表现？19世纪，教皇庇护九世¹拒绝为动物保护协会做任何事，理由是人类要对低等动物负责的观点属于异端邪说，我们是否应该与他共情？要我说，无论欧洲表现得如何聪明，除了1848年至1914年这一短暂历史时期，它一直都是十分可怕的。不幸的是，现在的欧洲人又回到了过去的状态。

1　庇护九世（Pius IX），意大利教皇，是最后一任兼任世俗君主的教皇，坚持自己的教皇的世俗权力。

从犹太人的道德热诚中产生了基督教的伦理戒律；从希腊人对演绎推理的热爱中产生了神学；从罗马的帝国主义和法理学中，分别产生了教会中央集权和教会法。

社会和政治条件是出现进步的必要条件，但绝非充分条件，因为缺少卓越的个人时，这些条件通常也存在，却未能产生进步。

生活方式的改变比以往任何时期都更为迅猛：世界在过去一百五十年中发生的变化，比之前四千年加在一起还要多。如果彼得大帝可以同汉谟拉比对话，他们必定能够互相理解，但二人肯定都无法理解当下的金融和工业巨头。

人与昆虫的较量

只要世上还有战争，任何科学知识便都是双刃剑。

　　当战争及其相关谣言四处弥漫，当"裁军"建议和互不侵犯条约为人类带来前所未有的威胁之际，一场或许更为重要的冲突却未能得到应有的关注——我指的是人与昆虫的较量。

　　我们早已习惯万物之主的身份，也不可能再有机会像穴居人那样畏惧狮子、老虎、猛犸象和野猪。除了与同类的对抗，我们认为自己已然拥有了安全感。不过，虽然巨型动物已不再威胁我们的生存，小型动物却未必。在这座星球的生命长河中，巨型动物曾让位给小型动物。恐龙在沼泽和森林中无忧无虑地晃荡了那么多年，除了同类从未惧怕过谁，也从不怀疑其绝对主宰的地位，但最后它们灭绝了，让位于小型哺乳动物——小鼠、小刺猬以及比大老鼠大不了多少的微型马等。恐龙的灭绝原因至今仍是未解之谜，据说是因为它们脑容量小，却热衷于生长多角状的进攻性武器。无论如何，生命没有沿着它们的轨迹继续进化。

成为最高等的动物后，哺乳动物的体形也随之越变越大。不过，陆地上体形最大的猛犸象已经灭绝，除了人类和其驯化的动物以外，其他巨型动物越来越少。人类虽然体形不大，但凭借智慧，成功找寻到了能令自身大规模繁衍的食物。如果不是因为一些小型动物——昆虫和微生物——人类倒的确可以说是安全的。

昆虫在数量上拥有先天优势。一片小树林中滋生的蚂蚁，数量可以轻松追赶全世界的人口总和。昆虫的另一个优势是，它们能够消灭掉人类尚未成熟的食物。不少过去只存活在某个较小区域的害虫，会被人类无意间引入新环境，并对后者造成巨大的破坏。旅行和贸易都对昆虫和微生物繁衍起到了推波助澜的作用。黄热病原本只存在于西非，但奴隶贸易将其带到了西半球。现在，由于非洲的开放，这种疾病又穿越大陆逐渐向东蔓延。一旦抵达东海岸，印度和中国不太可能幸免于难，那样一来，两国人口预计会直接减少一半。昏睡病也源自非洲且更为致命，如今也已经逐渐蔓延开来。

幸运的是，科学家找到了一些控制害虫的办法。大多数昆虫都受制于寄生虫，后者能杀死大量昆虫，而少数幸存下来的，也不太可能制造出多大的威胁。于是，昆虫学家开始研究和培育这些寄生虫。这些研究活动的官方报道总令人欢欣鼓舞，写满了诸如"应特立尼达岛农场主的要求，他动身前往巴西，去寻找甘蔗沫蝉的天然克星"这样的消息，读完会让人觉得甘蔗沫蝉毫无胜算。不幸的是，只要世上还有战争，任何科学知识便都是双刃剑。举个例子，刚刚去世的弗里茨·哈伯教授发明了人工固氮技术。他的本意是提高土壤肥力，但德国政府却将其用于制造烈性炸药，最近还将他逐出国门，因为相比炸药，哈伯教授更热衷于肥料。在下一场大战中，任何一方的科学家都会放出害虫攻击对手的农作物，因此，就算和平到来，害虫怕是也不会被彻底消灭。我们知道的越多，能对同类造成的伤害就越大。如果人类在恼怒之下利用昆虫和微生物攻击对手——相信再有一场大战的话他们一定会这么做——那昆虫成为最终的胜利者并非不可能。或许，从整个宇宙的角度来看，这并不值得遗憾，但作为人类的一员，我还是忍不住为自己的同类深深叹息。

我们早已习惯万物之主的身份，也不可能再有机会像穴居人那样畏惧狮子、老虎、猛犸象和野猪。除了与同类的对抗，我们认为自己已然拥有了安全感。不过，虽然巨型动物已不再威胁我们的生存，小型动物却未必。在这座星球的生命长河中，巨型动物曾让位给小型动物。

我们知道的越多，能对同类造成的伤害就越大。如果人类在恼怒之下利用昆虫和微生物攻击对手——相信再有一场大战的话他们一定会这么做——那昆虫成为最终的胜利者并非不可能。

什么是灵魂？

▌ 世界是事件的集合，而非能够长久存在且具有变化属性的物体的
集合。

近来，科学发展最令人惆怅的结果之一，便是其每一
次进步都让我们意识到，原来我们知道的并没有以为的那
么多。小时候我们都知道，或者说都以为知道，人由灵魂
和肉体组成；肉体存在于时间和空间中，灵魂只存在于时
间中。至于灵魂能否超越死亡，或许每个人观点不同，但
灵魂的存在却被视为毋庸置疑的事实。至于肉体，普通人
自然认为其存在不言自明，科学家也赞同，但哲学家却喜
欢用这样那样的方法分析肉体，并最终将其简化为一些观
念，存在于拥有肉体和碰巧注意到它的那些人的心灵中。
不过，哲学家的观点并未被认真对待，科学家依旧舒适地
停留在唯物论，即便是相当正统的科学家也是如此。

如今，过去那些简单的美好已经消失不见：物理学家

斩钉截铁地表示，物质这种东西并不存在；心理学家则确信无疑地表示，心灵这种东西并不存在。这种情况真是前所未有。谁曾听到过鞋匠说，世界上根本没有鞋子，或是裁缝强调说每个人实际上都是赤身裸体？但这些并不比物理学家和一些心理学家在做的事情更奇怪。先从心理学家说起。他们中的一些人试图将一切精神活动归为肉体行为。不过，做到这一点困难重重。我认为，目前还不能确定这些困难将来能否被克服。我们只能说，根据物理学本身的原理，迄今为止被我们称为肉体的东西，实则是一件精美的科学仪器，不对应任何物理实在。因此，如今想做一名唯物主义者，会发现自己正处在一个奇特的位置，因为他虽然能在一定程度上成功将心灵活动归于肉体，却无法解释一个事实，即肉体只是心灵发明的一个便捷概念。于是，我们只能在一个圆圈里绕来绕去：心灵是肉体的体现，肉体是心灵的发明。显然，这样的探讨不可能正确。我们必须找到一种既非心灵也非肉体，却创造了二者的东西。

我们先来谈肉体。普通人认为，物质实体必然存在，因为对感官来说它们显而易见。不管在其他方面会受到何种质疑，可以肯定的是，你能接触到的东西必然是真实存在的，这便是普通人的形而上学。说到这里似乎没有什么问题，但这时物理学家出现了，说你其实并未接触到任何东西：就算脑袋撞到石墙上，你也并非真正接触了它。你以为自己正在接触一样东西，其实只是构成你肉体的一部分电子和质子，同你以为正在接触的对象的一部分电子和质子相互吸引和排斥，实际上并没有真正的接触发生。肉体中的电子和质子因附近存在其他电子和质子而受到干扰，并通过神经将这一干扰传递给大脑；大脑的反应让你产生了所谓的触感，恰当的实验会证明这种触感具有极大的欺骗性。然而，电子和质子本身只是一种粗略的近似值，是将一连串波或不同类型事件的统计概率综合在一起的代称。就这样，物质变成了极为虚无缥缈的东西，根本不足以成为同心灵抗衡的武器。放在过去，运动中的物质似乎毋庸置疑，现在却变成了完全不能满足物理学需要的概念。

可是，现代科学也没能给出灵魂或心灵是实体存在的任何证据；事实上，不相信其存在的理由，与不相信物质存在的理由大同小异。心灵和物质就像争夺王位的狮子和独角兽，战斗的结局并不是一方的胜利，而是发现二者都只不过是身上长了条纹的创造。世界是事件的集合，而非能够长久存在且具有变化属性的物体的集合。事件可以由因果关系组成一个个不同的群体，某种类型的因果关系产生的事件群可以被称为物体，另一些类型的因果关系产生的事件群可以被称为心灵。发生在人类大脑中的事件同时属于以上两种类型：从属于第一种事件群，它是大脑的组成部分；从属于第二种事件群，它便是心灵的组成部分。

因此，心灵和物质都只是对事件进行归纳的便捷方式，没有理由认为心灵或物质是不朽的。人们认为太阳正以每分钟数百万吨的速度失去物质。心灵最为核心的特征是记忆，没有任何理由认为，与某个人有关的记忆会在他死后继续存在。事实上，反对的理由倒颇为充分，因为记忆明显同大脑的某种结构有关，一旦这种结构伴随着死亡腐坏，我们完全可以认为记忆也随之终结。虽然不能认为形而上学的唯物主义正确，但从情感上说，就算唯物主义者的观点正确，这个世界同之前也不会有什么区别。我认为，唯物主义的反对者一直受到两种重要欲望的驱使：一是要证明心灵不朽；二是要证明宇宙的终极力量是精神而非物质。就这两方面而言，我认为唯物主义者的观点是正确的。诚然，人类的欲望在地球表面的确产生了巨大的能量。假如人类没有利用大量土地去获取食物和财富，地球的面貌恐怕会大不相同。然而，人类的力量又极为有限。目前，我们尚不能对太阳、月亮甚至是地球内部进行任何改造；我们也没有任何理由认为，发生在人类力量无法触及的区域的一切，是由精神力量引发的。简而言之，我们没有理由认为，地球表面以外的区域发生的事件，是源于有人希望如此。由于我们在地球表面的力量完全依赖于地球从太阳那里吸收的能量，我们便只能依赖太阳，一旦太阳冷却，我们便实现不了任何心愿。当然，对未来科学能够取得的成就冒下结论过于轻率。未来，我们或许能够延长人类存在的时间，虽然这在目前看来希望渺茫；但如果现代物理学，尤其是热力学第二定律中存在某种真理，我们便不能期望人类会永远存在下去。有些人会觉得这一结论过于悲观，但我们如果足够诚实，就应该承认，几百万年后会发生的事情，对生活在此时此刻的我们并没有什么情感上的影响。科学虽然减少了人类面对宇宙时的自命不凡，却也极大提升了我们在地球的舒适度。这就是为什么，虽然被神学家视为洪水猛兽，科学整体上还是为社会所接纳了。

世界是事件的集合，而非能够长久存在且具有变化属性的物体的集合。事件可以由因果关系组成一个个不同的群体，某种类型的因果关系产生的事件群可以被称为物体，另一些类型的因果关系产生的事件群可以被称为心灵。

心灵和物质都只是对事件进行归纳的便捷方式，没有理由认为心灵或物质是不朽的。

目前，我们尚不能对太阳、月亮甚至是地球内部进行任何改造；我们也没有任何理由认为，发生在人类力量无法触及的区域的一切，是由精神力量引发的。简而言之，我们没有理由认为，地球表面以外的区域发生的事件，是源于有人希望如此。

图书在版编目（CIP）数据

赞美闲散 /（英）伯特兰·罗素著；仝欣译. —长
沙：湖南文艺出版社，2024.5
ISBN 978-7-5726-1647-1

Ⅰ.①赞…　Ⅱ.①伯…　②仝…　Ⅲ.哲学-随笔-
文集　Ⅳ.①B-53

中国国家版本馆CIP数据核字（2024）第043038号

赞美闲散
ZANMEI XIANSAN
［英］伯特兰·罗素 著　仝欣 译

出 版 人　陈新文
出 品 人　陈　垦
出 品 方　中南出版传媒集团股份有限公司
　　　　　上海浦睿文化传播有限公司
　　　　　上海市静安区万航渡路888号开开广场15楼A座（200042）
责任编辑　吕苗莉
封面设计　祝小慧
责任印制　王　磊
出版发行　湖南文艺出版社
　　　　　（长沙市雨花区东二环一段508号　邮编：410014）
印　　刷　深圳市福圣印刷有限公司

开本：880mm×1230mm　1/32　　印张：6.5　　字数：104千字
版次：2024年5月第1版　　　　印次：2024年5月第1次印刷
书号：978-7-5726-1647-1　　　定价：54.00元

出　品　人：陈　垦
出版统筹：胡　萍
监　　制：余　西
策划编辑：廖玉笛
装帧设计：祝小慧

欢迎出版合作，请邮件联系：insight@prshanghai.com
新浪微博@浦睿文化